U0543894

国家语言推广基地（华南师范大学）
建设丛书

汉语常用话语手段研究

HANYU CHANGYONG HUAYU SHOUDUAN YANJIU

董光柱 / 著

陕西新华出版　陕西人民出版社

图书在版编目（CIP）数据

汉语常用话语手段研究/董光柱著 . — 西安：陕西人民出版社，2023.11
（国家语言推广基地（华南师范大学）建设丛书）
ISBN 978-7-224-15232-6

Ⅰ. ①汉… Ⅱ. ①董… Ⅲ. ①汉语—话语语言学—研究 Ⅳ. ① H1

中国国家版本馆 CIP 数据核字（2023）第 249705 号

责任编辑：张　现
封面设计：姚肖朋

汉语常用话语手段研究

作　　者	董光柱
出版发行	陕西人民出版社
	（西安市北大街 147 号　邮编：710003）
印　　刷	陕西隆昌印刷有限公司
开　　本	787mm×1092mm　1/16
印　　张	12
字　　数	180 千字
版　　次	2023 年 11 月第 1 版
印　　次	2023 年 11 月第 1 次印刷
书　　号	ISBN 978-7-224-15232-6
定　　价	46.00 元

如有印装质量问题，请与本社联系调换。电话：029-87205094

前 言

　　时光可塑造梦想，也可成全美好。源于一种学缘，2012 年，我怀着对语言学的一腔热忱考入华南师范大学文学院攻读博士学位，师从语言学家周国光先生。先生正直热忱，治学严谨，对门下弟子更是严格要求，但却是严中有爱，严中有方。刚入师门，先生便问询我未来研究领域事宜，本文论题"汉语常用话语手段研究"的开展，便是得益于先生的入门点化。虽初不甚了解，但随着先生的悉心指导和严格要求，我渐渐对此论题的"有意味"性产生了浓厚的兴趣。在日常指导中，先生的话语幽默风趣，语料信手拈来，思维敏捷，剖析入理，其师者风范和人格魅力令我深深为之折服。正是基于先生语坚定的路标式启蒙和指引，以至于我在平时看小说、影视剧时都会不自觉地探究剧中人物的话语特点，仿佛着了迷一般。

　　提起汉语话语交际，可能很多人都与我最初的感觉是一样的，认为汉语是中国人的母语，对于母语，可以张口即用，开口即交际，岂不是太过简单？随着研究的深入，愈发感觉越是简单的事情，研究起来难度就越大，也愈发感知当前本土的研究领域还有很多值得去努力拓展的空间，尤其是在查阅参考资料的时候，凡是与话语交际有关的论文、著作，大都会出现相同的理论支撑背景，如格莱斯的"会话含义和合作原则理论"、利奇的"礼貌原则及面子理论"等等。诚然，话语语言学和话语理论研究是语言学重要的研究领域之一。学术界在话语语言学领域的研究虽取得了一定的成果，但还是较为薄弱的，现行的有关研究基本上都是以产生于欧美的话语理论为指导的。通过话语交际实际的、广泛的观察，我们发现，在汉语话语交际的实践中存在着大量的、同欧美话语理论相矛盾的话语交际事实。这些事实促使我们对产自欧美的话语理论进行了深刻的反思，并对研究汉语话语交际理论产生了强烈的愿望和动力。

本著作首先对产自欧美的话语理论进行了回顾和梳理，并结合汉语话语交际的实例给以简要的评析，指出：这些产自欧美的话语理论虽然有较强的解释能力，但在话语交际实际应用层面，还是有很多语言事实是无法解释的，尤其是对汉语话语交际事实的解释力更低。在此基础上，本书通过对汉语话语交际实例的分析，确认了三条重要的事实：话语交际是受交际决策（交际目的）控制的言语行为；交际话语是交际目的、话语策略、话语手段综合作用的产物；话语手段在话语的产生中起着重要的作用。

在上述研究的基础上，著作中选择了汉语话语交际中常见常用的五种话语手段，即狠话、子矛攻子盾、拍马、留白、激将进行分析，收集了丰富的运用实例，对这五种话语手段的范围类型、话语结构、语义表达、话语功能等方面进行了较为细致、深入地分析讨论，揭示出这些话语手段在特定话语场景中所体现出来的话语特征和话语功能，并运用个案方法进行考察。

本著作对汉语话语理论进行了初步地探索与扎实地实践性研究，对于汉语话语交际的实践有一定的借鉴价值。当然，提出这五种话语手段只是一种探索和尝试，难免缺乏深层地多向度细述，所以若是有相关研究者对于文中的观点有不同看法，敬请不吝赐教！笔者在此深表感谢！

作者

2023 年 8 月 12 日

目 录

第一章 绪 论 … 1
    第一节 欧美话语交际理论和汉语话语语言学研究概述 … 3
    第二节 研究目的、对象和内容 … 19
    第三节 研究思路、方法、意义和价值 … 23
    第四节 研究语料来源 … 25

第二章 汉语话语手段相关理论 … 27
    第一节 基本语言观 … 29
    第二节 相关语言理论 … 30

第三章 话语心理及话语心理期待 … 33
    第一节 话语心理概述 … 35
    第二节 中国古代话语交际的话语心理个案研究 … 36
    第三节 汉语话语交际和话语心理期待的个案研究 … 42

第四章 汉语话语手段——狠话 … 53
    第一节 "狠话"简说 … 55

第二节　包含"狠话"的话语结构　　　　　　　　56

　　第三节　"狠话"的语义分析　　　　　　　　　　61

　　第四节　"狠话"的话语功能　　　　　　　　　　68

　　第五节　小结　　　　　　　　　　　　　　　　70

第五章　汉语话语手段——子矛攻子盾　　　　　　　　71

　　第一节　"子矛攻子盾"简释　　　　　　　　　　73

　　第二节　"子矛攻子盾"话语手段的类型　　　　　76

　　第三节　"子矛攻子盾"话语手段的特点　　　　　84

　　第四节　小结　　　　　　　　　　　　　　　　87

第六章　汉语话语手段——拍马　　　　　　　　　　　89

　　第一节　"拍马"简释　　　　　　　　　　　　　91

　　第二节　与"拍马"有关的话语因素　　　　　　　93

　　第三节　"拍马"的类型　　　　　　　　　　　　93

　　第四节　关于"拍马"的若干问题　　　　　　　103

　　第五节　小结　　　　　　　　　　　　　　　　106

第七章　汉语话语手段——留白　　　　　　　　　　　107

　　第一节　"留白"简释　　　　　　　　　　　　　109

　　第二节　"留白"的类别　　　　　　　　　　　　113

　　第三节　小结　　　　　　　　　　　　　　　　126

第八章　汉语话语手段——激将　　　　　　　　　　　129

　　第一节　"激将"的心理基础和心理机制简说　　131

第二节　"激将"手段论析　　133
　　第三节　小结　　150

第九章　汉语话语手段的综合运用及个案研究　　153
　　第一节　古代汉语话语交际中话语手段运用状况的个案研究　　155
　　第二节　现代汉语话语交际中话语手段运用状况的个案研究　　162

第十章　结　语　　171
　　第一节　总结　　173
　　第二节　创新与不足　　174
　　第三节　汉语常用话语手段研究工作的前景和展望　　175

参考文献　　176

【第一章】

绪 论

第一节 欧美话语交际理论和汉语话语语言学研究概述

话语手段理论是话语理论的一个组成部分。说起话语理论，人们自然而然地会想到奥斯汀（John L. Austin）的言语行为理论（Speech Act Theory）、塞尔（John Searle）的间接言语行为理论（Indirect Speech Act Theory）、格赖斯（P.Grice）的合作原则（Cooperative Principle）和利奇（Leech）的礼貌原则（Politeness Principle）等。因此，在进行话语手段研究之前，我们有必要对相关重要的话语交际理论进行简要的讨论和评价。

一、言语行为理论

言语行为理论（Speech Act Theory）是语用学中的一个重要理论，也是关于话语交际的一个重要理论。该理论从功能角度切入，对不同的话语的交际功能进行了分析，并进行了功能分类。该理论由英国哲学家约翰·奥斯汀（John L. Austin）于20世纪50年代提出。奥斯汀把言语行为分为三类：叙事行为、施事行为和成事行为。[①]

叙事行为（the locutionary act）：发出声音，组成单词和句子，

[①] Austin J.L. *How to Do Things with Words*（如何以言行事）[M]. Beijing：Oxford University Press and Foreign Language Teaching and Research Press，2002：94.

表达一定的意义，以言叙事。

　　施事行为（the illocutionary act）：通过述说某种事情显示某种语力，以言行事，实施某种行为。

　　成事行为（the perlocutionary act）：通过述说某种事情对话语对象产生一定的影响，以言成事，达到某种效果。[①]

　　在奥斯汀提出言语行为理论之后，1975年，美国哲学家约翰·塞尔（John Searle）提出了间接言语行为理论（Indirect Speech Act Theory）。塞尔（Searle 1981：30）认为：以言行事的施事行为（或曰行事行为）可以分为直接言语行为（direct speech act）和间接言语行为（indirect speech act）[②]。直接言语行为是直接以言行事，而间接言语行为则是通过实施另一种言语行为来间接地实施某一种言语行为。间接言语行为是说话者真正要实行的行为，所以可以称为首要行事行为；而间接言语行为借以实施的直接言语行为可以称为次要行事行为。塞尔又将间接言语行为进一步分为两类：规约性间接言语行为和非规约性间接言语行为。这两类间接言语行为都可以通过交际者的语用推理达到以言行事的目的，但是它们对语境的依赖性不同。规约性间接言语行为不必依赖特定的语境就可以实施。例如：

　　（1）我渴了。→我要喝水。

而非规约性间接言语行为则必须依赖特定的语境。例如：

　　（2）你懂英语吗？→请帮我翻译一下。
　　（3）你懂英语吗？→请帮我看看这瓶进口药的说明书。
　　（4）你懂英语吗？→站一边儿去！

[①] Austin J.L. *How to Do Things with Words*（如何以言行事）[M]. Beijing: Oxford University Press and Foreign Language Teaching and Research Press, 2002: 101–102.
[②] 葛本仪. 语言学概论[M]. 济南：山东大学出版社，1999：263.

（5）你懂英语吗？→我汉语说得不好。

评论和思考：

奥斯汀的言语行为理论指出了语言一个很重要的功能，即表达功能。在众多语法理论都在致力于语法的组合功能和聚合功能的时候，奥斯汀的理论是有其独特的意义和价值的。

但是，如果我们看一看传统语言学对句子的语气分类——陈述句、疑问句、祈使句、感叹句，那么我们就会感觉到，奥斯汀的言语行为理论只是强调了语言的表达功能，或者说是把句类系统的分类依据更明确、细致地转述出来而已。接下来，奥斯汀又落入了语法研究"新材料的陷阱"——根据言语行为和表达功能对动词进行分类。奥氏的动词分类虽是一次大胆的尝试，但却是不成功的，遭到很多语法学家的质疑。现在，奥氏的动词分类系统很少有人再提及或继续研究下去了。

塞尔的间接言语行为理论具有重要的理论意义，对语用学理论、话语语言学理论都有重要的贡献。间接言语行为理论直接催生了格赖斯的会话含义理论。不过对于如何选择间接言语行为来达到直接的话语目的，塞尔却没有给出相应的说明和解释。而这一点正是我们所特别关注的话语策略和话语手段问题。

二、格赖斯的会话含义和合作原则理论

合作原则（Cooperative Principle 简称 CP）是由美国著名语言哲学家格赖斯（P.Grice）于1967年在哈佛大学的演讲中提出的。该演讲后来以"Logic and Conversation"为篇名1975年发表在《句法与语义学》[P. Cole, & J. Morgan（Eds.）, Syntax and semantics（pp.41-58）New York：Academic Press]中。1989年该文又被收入哈佛大学出版社编辑的文集《言辞用法研究》（*Studies in the Way of Words*）中。格赖斯在这篇文章中提出，在人们交际

过程中，对话双方似乎在有意无意地遵循着某一原则，以求有效地配合从而完成交际任务。因此，格赖斯提出了会话中的合作原则。该原则包括四个范畴，即量的准则、质的准则、关系准则和方式准则。每条准则之下又包含若干次准则，具体内容如下：

量的准则（The Maxim of Quantity）：
①所说的话应该满足交际所需的信息量；
②所说的话不应超出交际所需的信息量。
质的准则（The Maxim of Quality）：
①不要说自知是虚假的话；
②不要说缺乏足够证据的话。
关系准则（The Maxim of Relation）：说话要有关联。
方式准则（The Maxim of Manner）：说话要清楚、明了。
①避免晦涩；②避免歧义；③简练；④有条理。[①]

当然，人们在实际言语交际中，并非总是遵守合作原则，出于需要，人们会故意违反合作原则。格赖斯把这种通过表面上故意违反合作原则而产生的言外之意称为"特殊会话含义"。例如：

（6）甲：最近我的手头比较紧，能借我一点钱吗？
乙：我的钱都投股市了。（日常话语整理）
（7）李大华正在阳台上浇花，楼下的刘阿姨说："小李，你真爱美啊，我晒的被子上也锦上添花了。"（2000年重庆市中考题）

例（6）中，乙的回答显然违反了合作原则中的质的准则和量的准则，他要表达的会话含义是"我不想借钱给你"。例（7）中，刘阿姨显然不是在夸

[①] Grice P. *Studies in the Way of Words*（言辞用法研究）[M]. Beijing：Harvard University Press and Foreign Language Teaching and Research Press，2002：28.

奖李大华，而是碍于邻居情面，婉言暗示，表达的会话含义是"李大华，你浇花的水把我晾晒的被子弄脏弄湿了"。也不符合质的准则和方式准则。

评论和思考：

格赖斯的合作原则本来是为了分析言外之意而提出的。一个人交际时的话语如果违反了合作原则，那么就会产生言外之意。问题是：合作原则是否考察并遵循了语言交际的实际情况。

按照格赖斯的说法，合作原则是保证交际正常进行的交际原则。那么人们交际时为什么要遵守合作原则呢？骗子（如电信诈骗分子）同别人交际时，张口就是谎话，而且也分析不出什么会话含义或言外之意。这些现象该怎么解释？

实际上，汉语很多真实的话语交际并不是按照格赖斯的合作原则进行的。例如：

（8）1960年，我国打下了美制U-2型高空侦察机后，一名外国记者在记者招待会上问陈毅："中国是用什么武器打下的U-2型高空侦察机？"

陈毅同志笑着说："我们是用竹竿捅下来的！"（人民网栏目：《问答如破敌，外交部发言人招数破解》2005年7月7日）

（9）料啸林（法租界总华捕）：今天晚上见了影佐先生，死的不是铁林，是徐天。

金爷（仙乐斯舞厅老板）：为啥？

料啸林：为啥？不该你知道的就少知道！（电视剧《红色》第27集）

如果按照合作原则质的准则的要求，例（8）中，记者问用什么武器打下U-2型高空侦察机的，就应该如实回答。但是，陈毅外长却回答"用竹竿捅下来的"。例（9）中，金爷问起原因的时候，料啸林应该如实以告，但却给了金爷一句训斥。对此，合作原则该怎么解释呢？

我们不要以为上述情况是特例。不提供真实信息（说谎话、说假话等）恐怕是日常生活中最常见的话语现象。请看：有外遇的丈夫对妻子说谎，出轨的妻子对丈夫说谎，逃学的孩子对父母撒谎，失职的职员对领导或上司撒谎，医生面对身患绝症的病人的家属不得不违心地说谎，而犯人被审讯时，质的准则又有多大的约束力呢？再看国际上，明明美国自己南海搅局捣乱，却说中国威胁到美国的安全，他们的谎言真有什么言外之意吗？

可见，合作原则中的质的准则并不能对交际起到完全制约的作用。至于合作原则中的量的准则、关系准则、方式准则，在很多情况下也是不能用以分析交际的实际情况的。关于这些问题，我们在下面的讨论分析中会继续看到。

三、利奇的礼貌原则及面子理论

杰弗里·利奇（Geoffrey Leech）在20世纪80年代提出礼貌原则（Politeness Principle），作为对格赖斯的合作原则的补充。在利奇看来，一般情况下，会话者在讲话时隐晦的表达都是出自对礼貌的考虑，所以在解释人们有时为何会故意地拐弯抹角时，利奇把礼貌原则看作是首要的因素。在人们违反合作原则时，礼貌原则可作为唯一的补救手段使得谈话能够顺畅地进行下去。

得体准则（Tact Maxim）（用于指令和承诺）：减少表达有损于他人的观点。

①尽量让别人少吃亏；　　②尽量让别人多受益。

慷慨准则（Generosity Maxim）（用于指令和承诺）：减少表达利己的观点。

①尽量让自己少受益；　　②尽量让自己多吃亏。

赞誉准则（Approbation Maxim）（用于表情和表述）：减少

对他人的贬损。

①尽量少贬低别人； ②尽量多赞誉别人。

谦逊准则（Modesty Maxim）（用于表情和表述）：减少对自己的表扬。

①尽量少赞誉自己； ②尽量多贬低自己。

一致准则（Agreement Maxim）（用于表述）：减少自己与别人在观点上的不一致。

①尽量减少双方的分歧； ②尽量增加双方的一致。

同情准则（Sympathy Maxim）（用于表述）：减少自己与他人在感情上的对立。

①尽量减少双方的反感； ②尽量增加双方的同情。[1]

上述六条准则中，得体准则和慷慨准则是双向的，都是关于受损和得益层面的。赞誉准则和谦逊准则是相对的，都是关于赞誉和贬低层面的。一致准则和同情准则是单向的，即关注的是与说话者观点的一致性和与对方的同情性。

布朗（Brown）和莱文森（Levinson）在1978年提出面子论（face theory），并于1987年进行了完善和修正。他们将"面子"定义为人们的基本需求和愿望，即"每一个社会成员意欲为自己挣得的一种在公众中的个人形象"[2]（Brown & Levinson, 1987：61）。但通过与他人的交际，这种形象可以被损害、保持或增强。面子论将面子分为积极面子（positive face）和消极面子（negative face）两类。积极面子是希望得到别人的赞同、喜爱、欣赏和尊敬，被当作同一群体的成员，自己的需求得到别人的理解；消极面子是指不希望别人强加于自己，自己的行为不受别人的干涉、阻碍，有自己选择行动的自

---

[1] Leech, G.N. *Principles of Pragmatics* [M]. London and New York: Longman, 132.

[2] Brown, R. & Levinson, S. 1987. *Universals in Language Usage: Politeness Phenomena* [M]. Cambridge: Cambridge University Press. 61.

由[①]。简单地说，积极面子是希望和别人有联系，而消极面子是希望个人独立。布朗和莱文森认为，话语交际中说话人主要以不威胁自己或对方面子为出发点，维护面子是礼貌的表达方式。

（10）Oh, my god! These flowers are so beautiful! Thank you very much.（哦，天呐！这些花太美了！谢谢你。）

（11）I don't think your idea is perfect.（我认为你的想法并不完美。）

这两个例子分别以听话人的积极面子和说话人的消极面子为出发点，但例（10）中说话人充分考虑到了听话人的积极面子，表达收到礼物时的喜悦和对听话人的感谢，而例（11）中则表达了对对方观点的否定，使得对方的面子得不到认可。

布朗和莱文森认为，在话语交际中，说话人和听话人的两种面子都会受到影响，即说话双方同时面临着积极面子（positive face）和消极面子（negative face）的威胁行为，这些言语行为称为"面子威胁行为"（Face Threatening Acts）[②]。所以，话语双方总会采取一些言语策略，以保全自己的面子，也保全对方的面子。礼貌的会话功能就在于保护面子，降低面子威胁行为的威胁程度。

评论和思考：

格赖斯会话含义理论及合作原则解释了人们间接地使用语言所产生的会话含义及其对会话含义的理解，但却不能解释既然人们要遵守合作原则，为什么又要故意违反这一原则；明明可以直来直去，却往往要拐弯抹角地说话。因此，利奇提出了"礼貌原则"，利奇指出，人们为了不直截了当地触及对方的"面子"，只能拐弯抹角、含蓄间接地表达其真实的信息，而让听者自

[①] 俞东明.什么是语用学[M].上海：上海外语教育出版社，2011：140.
[②] 俞东明.什么是语用学[M].上海：上海外语教育出版社，2011：143.

己去理解他的"言外之意"。礼貌原则要求人们在交际中尽量减少有损他人的、有利自己的观点；尽量减少对他人的贬低，对自己的赞赏；尽量减少对他人观点的不一致和感情的对立。概括地说，礼貌原则就是在其他条件相同的情况下，把不礼貌的言语行为减弱到最低限度。

礼貌原则虽然对交际有一定的制约作用，但在汉语话语交际中，既不遵守合作原则又违反礼貌原则的例子是真实存在的。我们来看看有关的真实语料：

（12）（晏子）见楚王，王曰："齐无人耶？使子为使？"晏子对曰："齐之临淄三百闾，张袂成荫，挥汗成雨，比肩继踵而在，何为无人！"王曰："然则何为使子？"晏子对曰："齐命使，各有所主。其贤者使使贤主，不肖者使使不肖主。婴最不肖，故宜使楚矣！"（刘向《晏子使楚》）

上例中，齐国使者晏子拜见楚王。此乃国家级交往，双方都应以礼相待。但实际情况却大相径庭。楚王一见晏子就出言无状，毫无礼貌："齐无人耶？使子为使？"晏子巧舌如簧，也讲出一番道理，把楚国贬得一无是处："齐命使，各有所主。其贤者使使贤主，不肖者使使不肖主。婴最不肖，故宜使楚矣！"楚王和晏子在朝堂之上互相嘲讽了一顿，毫无疑问，双方都违反了合作原则和礼貌原则。看来楚王和晏子当时既不想合作，也不讲礼貌。

再看一个现代的例子：

（13）美国的航母胆敢再来，我们的航母杀手一枚导弹就能把它废了！两枚导弹就能把它打沉！

美国如果还不能深刻检讨在台湾、钓鱼岛、琉球、疆独、藏独问题上给全体中国人民带来的严重伤害，那么本世纪美国将为他们的无耻行为付出重大的代价。（CCTV4《今日关注》2011年1月10日）

中美两国对中美关系早已明白这个道理：双方有一千条理由把中美关系搞好，没有一条理由把中美关系搞坏。但是我国军事专家的话却杀气腾腾，狠劲儿十足！请问：这符合礼貌原则吗？美国总统听到会心平气和吗？这对中美关系有利吗？那么为什么还要这么说呢？显然，礼貌原则是无法解释这样的话语的，更无法解释交际中所蕴含的深层次的汉语话语智慧。

同样，类似的违反"礼貌原则"的话语在日常生活中也是屡见不鲜。请看：

（14）母亲对孩子：别哭了！再哭就给你扎针！

（15）父亲对孩子：有本事就滚出这个家不要再回来！

（16）老师对学生：真是烂泥扶不上墙，教了三遍都不会！

（17）上级对下级：出了纰漏我撤你的职！

（18）营长对连长：丢了阵地我毙了你！

（19）歹徒对受害人：老实点，不然要你的命！

（20）（背景：日本占领上海；徐天在日本留学后回国；影佐曾是徐天的日本老师。）

影佐（日本军官）：我们俩是朋友，我这样做你没意见吧？

徐天（中国公民）：我们不是朋友。（电视剧《红色》第29集）

上面这些例子中的话语的礼貌性又在哪里呢？

再来讨论一下面子理论。

面子是日常生活中经常被提及的一个词语或礼貌用语，人们在日常交往中经常用到"没面子""给面子""留面子""看在我的面子上""给足面子""一点面子都没有"等话语，可以说，面子在话语交际中有着重要的地位。

由于受到跨文化因素的影响，以及汉语集体观念、价值取向的差异，礼貌原则中的各个准则的重要性出现较大的差异性，面子保全论在汉语交际中也显得不是那么适用。例如：

（21）主人：老李，来，再喝一杯。

客人：老张，我已经喝得差不多了。

主人：嗨，老李你别装蒜了，你的酒量我还不知道吗？来，再来一杯。

客人：老张，我真喝不下了。

主人：老李，你这就不实在了！满上满上！（日常话语整理）

主人越是用强迫性较大的话语，越是能表达自己的热情好客，所以就不顾面子而为之。

再看下例：

（22）领导：小王啊，这次会议安排得很细致，得到大伙的一致认可，真可谓青年多才俊啊。

小王：哪里，这都是领导指导有方，我只是按指示办事罢了。（日常话语整理）

（23）领导：最近工作太多了，有些疲惫。

小李：领导，我这就要批评你了，身体是革命的本钱，熬坏了身体，工作怎么做？谁来领导我们？（日常话语整理）

类似上例的情况在实际生活中可谓屡见不鲜。领导对下属赞赏有加，下属却不与领导的观点保持一致，字面上还有否定对方观点的意味。所以，以上两例中，小王、小李的回答违反了礼貌原则中一致准则。显然，这主要是因为中外文化的不同造成的。

不同的文化对面子的理解和需求是不同的。在汉文化中，"脸""面"是一对同义词，"脸"指的是个人在社会中为自己赢得的形象，通常指个人在社会群体中因享有良好的声誉而获得他人的尊重，而"面子"是个人通过社会上取得的成就而获得的社会地位与声誉。所以,汉文化中的面子是以社会的同一性为取向的。

因为合作原则和礼貌原则对国内影响较大,所以国内话语交际的研究多从这两个原则理论入手,如安秀君《言语交际中的礼貌原则与策略》、陈昂《合作原则与礼貌原则在言语交际中的运用》、黄玉明《言语交际中违反合作原则的语用分析》等。不过很遗憾,这些有关的研究都是尽量把汉语丰富多彩的话语交际事实塞到事实上涵盖范围有限的合作原则和礼貌原则的范围之内。

面对西方话语语言理论难以分析、无法解释的话语交际现象,我们深知汉语语言学,尤其是汉语话语语言学还有很多的内容需要我们开发和研究,还有很多的问题需要我们去解决。

四、汉语话语语言学研究简述

(一)引进、介绍阶段

对于20世纪的世界语言学领域来说,话语语言学是个新生事物。而我国的汉语话语语言学的研究也是在国外的话语语言学的启发和引导下开展的。

国外的话语语言学研究应该始于20世纪20年代的布拉格学派。到了20世纪30年代(1938年),美国哲学家莫里斯(Charles Morris)提出了符号学学科的概念,并将其分为三个部分:句法学,它研究符号之间的形式关系;语义学,它研究符号与其所指对象之间的关系;语用学,它研究符号与其解释者之间的关系。[①] 到了20世纪50—60年代,欧美各国陆续开展了话语语言学的研究,而且基本上都沿着语法、语义、语用相结合的道路发展。由于话语语言学研究的问题要比以句子为对象的传统语言学科研究的视野

---

① 葛本仪.语言学概论[M].济南:山东大学出版社,1999:251.

更广,深度也有所加深,所以逐渐成为一门独立的、以话语为研究对象的新学科。在这个过程中,语用学科的研究和发展对话语语言学的建立具有重要的催生作用。

随着现代语法学、语义学、语用学等学科研究的发展,语言研究者们认识到话语是语句的集合体,涉及方方面面。任何一个单方面的研究都不可能获得对话语的全面的认识。要对话语进行多角度的、全面的研究,就必须有新的思路、新的方法和新的体系。在这种情势下,话语语言学就应运而生了。

现代话语语言学的建立同语用学的建立和拓展有密切的关系。奥斯汀的言语行为理论、塞尔的间接言语行为理论、格赖斯的会话合作原则理论和会话含义理论都为现代话语语言学的出现奠定了一定的理论基础。不过,产生于西方的语用学理论和话语语言学理论对东方的话语理论实践缺乏全面深刻的了解,因而,在运用来自西方的语用学理论和话语语言学理论来解释我国的话语实践时,总是会出现不和谐的声音。正因为如此,建立符合汉语话语交际实际的话语语言学十分必要。

(二)汉语话语语言学的建立和发展

坦率地说,由于受到多方面的影响,我国近现代关于话语语言学方面的研究是相当薄弱的。新中国成立前的研究情况乏善可陈,只有一些零星的言论。新中国成立后,虽然一些学者在他们的论著中谈到了话语表达的得体性、连贯性、简明性等,但是基本上都是针对有关的写作表达(如公文写作表达、文学创作表达、中学作文写作表达等)而提出的,其主旨并不在于话语语言学的研究。

20世纪70年代始,中国学术界迎来了新时期。由于我国语言学界的学术研究成果仍有所欠缺,因此便自然地引入了西方语言学的理论。许国璋先生1979年摘译了奥斯汀的《论言有所为》,胡壮麟先生1980年发表了《语用学》一文,程雨民1983年发表了《格赖斯的"会话含义"与有关的讨论》一文,何自然先生1984年在《现代外语》上发表了题为《语用学的研究及其在外语教学上的意义》的连载文章，1988年，何自然先生编著的《语用学概论》出版，1991年，《国外语言学》选载了霍恩著、沈家煊译的《语用学理论》，等等。这个时期，还有陈平、廖秋忠、林书武、索振羽等学者对话语分析、篇章语法、语用学理论进行了大量的介绍和一些探索性的研究。

以上文献虽然对汉语话语语言学的创建和发展有较重要的价值和意义，但是也有明显的问题。首先，上述文献基本上都属于语用学领域，虽然和话语语言学有较为密切的关系，但是并不是直接论述话语语言学的有关问题，更不能代替话语语言学基本的、核心的内容。其次，上述文献绝大部分是来自欧美，汉语学界的有关文献基本上也都是引进、介绍之作，实际上并没有解决汉语话语语言学的问题。因此，汉语话语语言学的建立还是一个艰巨的任务。

20世纪70年代末期至80年代中期，我国语言学关于话语语言学的研究主要集中在句际关系方面，此外还有关于句群的表达功能的一些研究。20世纪80年代下半期至20世纪末，我国的话语语言学研究主要基于国外话语语言学的一些观点和方法而开展。例如实义切分分析法的运用，语法、语义、语用相结合的分析方法的提出和运用等。这个阶段较有代表性的成果是沈开木先生的《句段分析——超句体的探索》（语文出版社，1987）。该书对超句体（语段）的结构类型，语段间的句际联系手段，语段的语义类型、语义结构、语义中心（核心），语义的线性生长，TR链（TC链，话题—述题链）等问题都进行了较为深入的探讨。此期的研究为现代汉语话语语言学的建立奠定了一定的基础。

应该说，真正自觉地把话语和交际结合起来，并且进行系统的研究的是我国著名语言学家沈开木先生。自发表《句段分析》之后，经过近十年的潜心研究，他出版了学术专著《现代汉语话语语言学》（商务印书馆，1996），成为我国话语语言学的开创之作。

在这本书里，沈开木先生明确指出：

第一章　绪论

第一，现代汉语话语语言学的研究对象就是现代汉语的话语。现代汉语话语是多种信息相互交互作用的产物；从信息处理的角度来看，现代汉语的话语还可以认为是信息处理的产物。话语信息是语言信息和各种非语言信息交织成的一个网络。话语信息的表达和理解中的一个重要环节就是语言信息和非语言信息的转换（例如用体态传递信息和对传递信息的体态的解码）。因此，话语的产生是一种大编码机制。

第二，话语是交际决策的一种产物。有怎样的交际决策，就有怎样的话语产生。

第三，话语交际是以框架为基础的。人们的话语交际实质上是一种思维活动。这是语言和思维不可分离的关系所决定的。思维系统中的概念、判断、推理之间的种种关系进行了多样的逻辑——语义关系，也即框架。框架系统不仅是话语产生的基础，也是话语理解的基础。[①]

沈开木先生认为上述三个方面是现代汉语话语的规律性的问题，是现代汉语话语语言学研究的纲领性问题。在此思想指导下，沈先生对现代汉语话语的信息处理和大编码问题、话语的框架系统、话语的交际的决策、话语的种类、话语的 TC 链、话语的语义等进行了较全面的考察和深入的分析。沈开木先生的《现代汉语话语语言学》的问世，可以作为现代汉语话语语言学建立的标志。

另外值得一提的还有稍后出版的吕明臣的《话语意义的建构》和徐赳赳的《现代汉语篇章语言学》。

吕明臣的《话语意义的建构》主要从当代认知心理学角度探讨了话语意义的建构，即言语交际过程中的信息加工。该书分析讨论了话语意义的构

[①] 沈开木．现代汉语话语语言学[M]．北京：商务印书馆，1996：1—3.

17

成，话语意义的建构因素、话语意义建构的心理过程，明确指出话语意义是以交际意图为核心的认知结构。该书不仅对话语意义建构的研究做出了重要贡献，而且对话语意义理解的研究也有重要的价值。

徐赳赳的《现代汉语篇章语言学》强调语言的交际功能，强调把语言置于生活之中来研究。该书分析讨论了篇章的类型、篇章的构成因素、篇章和话题、篇章中的回指、篇章的层次和结构、篇章的推进结构等问题。该书虽然研究的是篇章语言学的问题，但对于话语语言学具有重要的借鉴作用。

此外，汉语语言学界以外的一些学者的研究也涉及了话语交际的分析，例如郭艳红的《激将法话语的语用解读》、张积家的《激将法及其心理机制》、冯学峰的《"拍马"有术》、武延生的《打招呼的方式及其进化起源》等。此外，还有一些话语交际与其他学科的交叉研究，如曾范敬的《侦查讯问话语实证研究》，在法律语言学的侦查问话话语方面进行研究；张清的《法官庭审话语的实证研究》，对法官的庭审话语进行了较全面的语用分析；代树兰的《电视访谈话语研究》，描述、揭示了电视访谈话语在话语结构、话语角色以及相应的话语轮换策略及其规律；何爱晶的《语言表达的心智研究》深入语言主体的心智层面对话语生成机制进行了探讨；李战子的《话语的人际意义研究》对话语的人际关系及其对交际的影响进行了比较深入的探索。

另外还有一些针对某种话语手段的个案分析或简单介绍，如余海勇的《从"官渡陷阱"看激励错位》、蓝候的《反激将》、张宏梁的《广告语言，出奇制胜》、王瑞来的《将错就错：宋代士大夫"原道"略说——以范仲淹的君臣关系论为中心的考察》、李勇忠的《认知语义激活与语言留白美学论》等，比较突出的是从谋略、教育、管理、公关及交际等层面简单介绍不同语境下话语手段的运用，如李左人的《领导干部谈话艺术》《趣味公关》等，其中都涉及某些话语手段的运用和技巧的分析。总的来说，汉语话语语言学方面的研究取得了一定的成果，达到了一定的水平。

但是，我们也不无遗憾地看到，汉语话语语言学的研究整体上来看还是比较薄弱的,而汉语话语手段方面的研究更甚。话语交际是有原则的,但是话语交际的原则真的就是合作原则和礼貌原则?合作原则和礼貌原则真的可以包打天下?会话原则确定之后如何实施?通过什么手段实施?通过以上分析,我们可以看出,此前的话语理论不能完全回答这些问题。正因为如此,我们才会认为:此前的话语理论只是话语理论发展的基础,而不是话语理论的终点。因此,我们有理由进行进一步的探索。

第二节 研究目的、对象和内容

一、研究目的

话语是特定的社会语境中人与人之间相互沟通的言语行为和言语活动。在这些行为和活动中,人们会运用不同的手段(亦即话语手段)对自己的话语进行处理,以保证话语的得体性和有效性。考察话语交际的整个过程,首先是交际目的的确定,然后是交际策略的确定,接下来就是采用一定的话语手段,形成和交际目的、交际策略相一致的话语,最后收到一定的交际效果。毫无疑问,话语手段的采用和交际计划的实施在其中起着非常重要的作用。如果只有交际目的、交际原则、话语策略而没有话语手段,我们很难想象实现话语目的的话语是怎么形成的,交际目的又是怎么实现的。然而,遗憾的是,汉语话语语言学界对话语手段表现出惊人的冷漠。迄今为止,汉语话语语言学界关于话语手段的专题论文寥寥可数,主体论著则迄今未见。这不能不说是汉语话语语言学研究的一个缺憾!汉语历史悠久,涵盖了丰富多彩、变化多端、充满智慧的话语手段,是进行话语理论研究的资源宝库,应该全面深入展开汉语研究,构建汉语话语理论体系。

本书以话语功能探索为主旨,以"汉语话语手段研究"为专题,重点就日常生活中经常运用的话语手段进行话语分析方面的探索。书中考察的话语手段有狠话、留白、激将、子矛攻子盾、拍马等，对运用上述话语手段的话语类型、话语结构、语义表达、话语功能等方面进行分析讨论。通过这些描述和分析，着力揭示这些话语手段在特定话语场景中所体现出来的话语特征和话语功能。本书以交际的全过程为背景，侧重于对汉语话语手段、话语目的和话语策略的关系进行深入的研究。通过上述研究，初步构建汉语本土话语分析理论基础构架体系。

二、研究对象

关于"话语"，沈开木先生的观点是：话语是交际决策的产物。有什么样的交际决策，就有什么样的交际话语产生。

一般来说，话语交际过程中，说话者在实施话语交际前首先要确定交际目的，即想要实现的交际意图。交际决策服从于交际目的。有什么样的交际目的，就有什么样的交际决策。

交际目的和交际决策确定以后，接下来就是话语策略的制定。

话语策略是话语交际的总体方针和布局。在制定话语策略这个阶段，交际者依据交际决策，根据语境及听话者的心理、地位、职业等因素制定话语策略相应的内容。话语策略的范围包括话语态度的强硬、软弱或不卑不亢，话语权的争取、放弃或平衡，话语内容的选择和侧重，话语手段的选择和调节，等等。诸如套近乎、兜圈子、缓兵之计、下套、曲言、诳语等都是日常交际中常见常用的话语策略。

话语的组织和形成的最后阶段是话语手段的具体运用，即根据交际语境的具体情况，运用话语手段组织并形成实际的话语，然后发送出去。

话语手段是实施话语策略的手段。在话语交际中，说话人在特定的语境中，为了达到一定的交际目的，按照一定的话语策略而采用的具有特定话语功能的方法或手段。诸如拍马、激将、狠话、就错、撒泼、骂娘、诈术、反语、打比方、子矛攻子盾等，都是常见常用的话语手段。

话语策略是战略层面的概念，话语手段是战术层面的概念。让我们来举例说明一下。

（24）荆宣王问群臣曰："吾闻北方之畏昭奚恤也，果诚何如？"群臣莫对。

江乙对曰："虎求百兽而食之，得狐。狐曰：'子无敢食我也！天帝使我长百兽，今子食我，是逆天帝命也。子以我为不信，吾为子先行，子随我后，观百兽之见我而敢不走乎？'虎以为然，故遂与之行。兽见之，皆走。虎不知兽畏己而走也，以为畏狐也。今王之地方五千里，带甲百万，而专属之于昭奚恤。故北方之畏奚恤也，其实畏王之甲兵也，犹百兽之畏虎也。"（《战国策·楚策一》）

楚王问群臣昭奚恤之事，为什么"群臣莫对"？因为"带甲百万，而专属之于昭奚恤"，足见昭奚恤乃国之重臣，君王之心腹也！此时不宜直说，而宜曲言——曲言就是江乙根据各种因素确定的话语策略。怎么说呢？还得采用一定的方法。江乙采用的方法是打比方（或曰设喻）——他给楚王讲了一个狐假虎威的寓言，也巧妙地回答了楚王的问题。打比方就是江乙采用的话语手段。

再看下例：

（25）袁伟民见她奋不顾身地扑救来球，就笑着说："招娣，可以减掉几个！"

（陈）招娣用泪眼瞪了瞪他，发狠地说："不要你慈悲！"

袁伟民的话，其实也是一种激将法，因为他深知招娣的性格。她终于以惊人的毅力，垫起了十五个球。（鲁光《中国姑娘》）

（26）金刚：来，赌两把！

大头：我不跟你赌。

金刚：胆子小，就怕输得光屁股。

大头：你说什么？

金刚：我说你输得光屁股啊！

大头（把筷子一甩）：赌什么？（电视剧《红色》第36集）

例（25）中，陈招娣完不成任务，眼泪直流。这时候，作为教练的袁伟民不能无动于衷。他要说话，而且要说激励的话。激励，就是袁伟民的话语策略。但是怎么激励呢？袁伟民没有说"加油"之类的话语，而是采用了激将的话语手段："招娣，可以减掉几个！"这样的话语对于性格要强的招娣来说无疑具有更强的激励作用。例（26）中，金刚是街头混混出身，出老千的本事厉害，而做警察的大头对赌博则没有十足的把握。金刚采用了贬低的话语策略，"胆子小，就怕输得光屁股"这句话对于警察身份的大头来说，简直是侮辱。本例采用的也是激将话语手段，事实证明：袁伟民和金刚的激将话语手段是正确的，都取得了预期的话语效果。

话语策略背景下的话语手段的运用，就是本文的主要研究对象。

三、研究内容

本书共分为十章：

第一章是绪论。该章对研究过程中所涉及的话语、言语交际行为等有关的术语进行说明，同时对本书的理论基础——话语分析、话语手段的研究成果进行简要的介绍，对话语手段和话语策略的研究现状做出简要的说明。在此基础上，我们结合话语交际过程，指出汉语话语策略和话语手段研究的必要性。接下来，说明了本书研究的目的、对象、内容安排，明确了研究的思路和方法、意义和价值，指出本书研究的语料来源。

第二章汉语话语手段相关理论。该章对研究过程中所涉及的话语、言语交际行为等有关的术语进行说明，重点对话语目的、话语策略、话语手段及其相互之间的关系进行了简要的说明，并结合话语交际过程，指出汉语话语策略和话语手段研究的必要性。

第三章话语心理及话语心理期待。通过两个个案研究，对话语手段实施的重要影响因素话语心理及话语心理期待进行分析。

第四章至第八章分别对狠话、子矛攻子盾、拍马、留白、激将等常用话语手段进行描述，并对各自的话语类型、话语结构、语义表达、话语功能等方面进行分析讨论。

第九章通过个案分析，梳理古今话语手段运用状况。

第十章是结语。该章对本书进行总结，指出研究的价值、创新和不足，并对研究的前景和发展进行了展望。

第三节 研究思路、方法、意义和价值

一、研究思路和方法

本书借鉴语言学前贤的成果经验和西方的话语理论，通过对话语手段的分类、分析和描写，力图揭示这些话语手段在特定话语场景中所体现出来的话语功能、方法特征和话语机制，并就相关的理论问题进行探讨，初步构建汉语本土话语分析理论基础构架体系。书中采用案例分析法、文献综述法和内省思辨法对话语语料逐一展开研究，主要着力于以下两个方面：

第一个方面，分析汉语话语交际的特点。西方人同中国人交际时常常有"我不明白你的意思"的说法，这说明汉语的特点不仅体现在语法、语义方面，也体现在交际层面。书中同时指出：西方话语理论中的合作原则和礼貌原则对汉语话语交际不具有普适性，其解释力也是有限的。本书将努力探索具有汉语话语特色的话语交际原则，对汉语话语手段和话语策略进行深入的研究。

第二个方面，对影响话语策略的制定、话语手段的运用、话语交际进程

的诸因素进行研究，考察、分析这些因素是如何影响话语手段的选择、会话进程和话语效果的。这方面的研究包括语境分析、话语心理分析、话语交际的文化因素等。

二、研究的意义和价值

第一，本书具有较高的创新意义。一方面，本书的选题虽然是对汉语交际的话语手段的研究，但是我们的研究目的是对汉语话语交际理论和交际原则的重新审视和重新架构；另一方面，本书的研究还借助并参考了语义学、语法学、修辞学、语用学，以及社会学、心理学、文化学等相关学科的理论和方法，努力分析并建构汉语话语手段系统。由于前人对话语手段的研究相对较少，这就给我们留下了很多未开垦的处女地，使得我们能够有机会创新，提出新的观点和新的思路。例如以韩非子的《说难》为基础，建构汉语话语心理学的设想，话语期待、话语契合和话语心理分析的研究设想，话语策略和话语手段研究，等等，都是从无到有或在原有基础上的完善和发展，因此本书有较高的创新性。

第二，本书具有较强的现实意义。从主观上来说，本书所进行的关于汉语话语手段的研究试图解开西方话语交际理论与汉语话语交际事实之间不适应性之谜，扩充、拓展汉语话语语言学和话语交际理论体系的研究范围，提高研究成果的科学性，提升研究成果的现实意义。

第三，本书具有较强的理论意义。近年来，我国一些专家学者已经意识到欧美话语语言学和话语理论的局限性和偏颇性，但抛开欧美话语理论，独立进行汉语话语理论的研究较为薄弱，对于话语手段的专项研究则更为薄弱。在这种情况下，本书能够依据话语交际事实，指出欧美话语理论的局限和偏颇，是对汉语语言学研究的一次大胆尝试。书中所提出的话语手段研究虽然规模不大，但是探索出了一个崭新的角度，一个新的研究领域。从这一点来说，本书的研究不仅补充了汉语话语手段研究的空白，也充实了汉语话语交际理论。这对于汉语话语交际理论具有较大的理论意义。

第四，本书具有较强的应用价值。本书的目的主要是考察人们在言语交际中，采用什么样的言说方式或方法以取得最佳的交际效果，达到预期的交际目的。本书的研究范围不但涵盖了人们的日常生活，而且扩展到了社会的外交、管理、教育、交际、公关等各个方面，因此，本书的应用价值是毋庸置疑的。

第五，本书有较高的启发性。话语手段的研究此前很少有人进行，因此我们遇到的问题是多方面的。一、话语手段和话语策略、话语原则是什么关系？二、话语手段是否受到语境的制约？如果是，其制约关系有哪些方面？如何调整？三、话语手段是多种的，每一种话语手段的话语功能也是多方面的。那么，话语手段功能的选择机制是怎样的？类似的问题还有很多，问题的产生也是学术研究灵感的源泉。

第四节 研究语料来源

本书使用的语料绝大部分都是来自经典或名著，一小部分转引自相关的论著、影视作品、新闻节目语料、网络信息等；某些语料是日常生活常见的，就没有标明出处；有些是作者本人工作中听闻或亲身经历，随后整理出来，这些语料的出处都不太好标注，统一标注为"日常话语整理"，其真实性是毋庸置疑的。

【第二章】
汉语话语手段相关理论

本章主要阐释本书所使用的基本语言观,其理论前提是话语交际理论和语境理论,目的是初步构建汉语话语交际的基本理论框架。本章对话语目的、话语策略、话语手段、话语权和话语概念进行了梳理,在综合各种话语手段的基础上,提出一种以"话语目的"为中心的适合汉语话语交际框架体系。

第一节 基本语言观

本书中所谓的基本语言观是指对话语交际的基本看法和观点。指导本书的总体语言理论是:话语交际是一种在特定语境里产生的有着强目的性的言语行为。话语交际有以下几个特征:①话语交际具有较强的目的性。话语行为受目的支配,话语目的主导着话语交际的全过程。②话语交际的策略性。说话者根据不同的话语目的选择不同的话语策略,进而选择适当的话语手段。人们能够能动地选择话语策略和话语手段。③话语交际受到语境的制约。话语的真实含义由具体所在语境制约或派生。④在话语交际中,话语权是语境功能的核心要素。正如法国当代著名社会学家布迪厄(Pierre Bourdieu)所言:"语言不是单纯的意义象征和符号形式,语言是现实的能动过程,其中包含着具体的、现实的支配力和作用力。语言中的力量不是来自语言本身,而是来自语言的外部,来自语言交流中的各种社会关系。"[①]

---

① 高宣扬.布迪厄的社会理论[M].上海:同济大学出版社,2004:169.

第二节 相关语言理论

对一种语言现象的分析，要借助于一定的语言理论和方法，这也是对话语交际过程的认识。

一、话语目的

通过分析，我们可以初步推断汉语话语交际有着独特的交际原则，我们应该重新认识汉语话语交际的全过程，包括主导因素、起因、步骤、手段、后效，等等。

沈开木指出："话语是交际决策的一种产物。有怎样的交际决策，就有怎样的话语产生。"[①]

吕明臣指出："话语意义是以交际意图为核心的认知结构。"[②]

本书基本同意两位先生的观点，并坚定地认为：话语交际的起因是话语目的（交际决策、交际意图）的产生，话语目的主导着话语交际的全过程。当话语目的确定之后，交际者根据话语对象和语境的诸因素确定一定的话语策略（这是实现话语目的的一个重要的环节），进而采用同话语策略相应的话语手段（例如蔺相如的诓骗、狠话、缓兵等），再采用相应的语言手段（例如话语方式和句类的选择、语句连贯与整合、插入语的运用等），最终确定并产生交际话语。在话语交际中，交际者的话语都是为了实现话语目的而说出的。当然，话语交际是一个交互过程，其间的话语机制非常复杂。但是话语交际的过程以及交际话语产生的基本机制应如上所述。

[①] 沈开木.话语的语用分析中有必要放进交际分析 [J]. 华南师范大学学报（社会科学版），1992（1）：73.

[②] 吕明臣.话语意义的建构 [M]. 长春：东北师范大学出版社，2005：140.

二、话语策略

话语的本质是具有功利性的。在言语活动的语境中，人们运用语言达到自己的目的，但是又受着语境的制约。为了调节自身的话语目的和语境制约的关系，就需要一定的工具。而语言恰恰就是调节交际目的和语境制约的有效工具。要发挥语言工具的有效性，就必须运用话语策略和话语手段。

一般来说，话语交际过程中，说话者在实施话语交际前首先要确定话语目的，即想要达到的交际意图，进而根据语境及听话者的心理、地位、职业等因素制定话语策略，所以，话语策略产生于交际之前。如何进行交际，需要说什么话，怎么说，这些问题在说话前是不能不考虑的。所以说，话语策略的确定就是话语交际的策划。

话语策略犹如作战方案，是话语的总体设计和计划。是根据话语目的、话语对象、语境诸因素对交际话语的设计和计划。例如寒暄、探口气、套近乎、兜圈子、缓兵、下套、打太极等都是日常交际中常用的话语策略。

作为交际的铺垫，常见的话语策略有寒暄、探口气、套近乎等，这些话语策略是为了揣摩话语对象的心理状况。例如：

（27）今儿天气不错，我们一块儿走走。/几天不见了，我们去喝杯茶好吗？/这几天降温了，你还好吗？有什么事儿我可以帮忙效劳。（寒暄）

最近心情怎么样？/气色不错嘛。/那件事听说了吗？有什么看法？/某某方面的事儿有兴趣吗？/我有个事儿想找你聊聊。（探口气）

哎哟，咱们是老乡啊！/我也是××部队的呀！/哇，原来你是我的学长啊！/我也喜欢围棋，不过水平跟你比差远了。/我也爱好书法，只是粗通皮毛。（套近乎）

经过观察（包括相面之学），并结合话语接触和话语试探，说话人通过对话语对象整体情况的揣摩，基本上可以确定或调整好自己的话语策略。

三、话语手段

一般来说，在确定话语策略之后、实施话语手段之前，还会有一个对言后效果的预测。为了更好地实施话语策略，避免不良的言后效果，说话者要调动自己的话语能力，采用各种话语手段，去形成最合适的话语。

话语手段是话语策略的具体实施，说话者采用的具有特定话语功能的方法或手段。例如狠话、拍马、激将等。

话语手段的运用还要受到语境的制约，制约的因素有：话语对象、时间、地点、关联者和关联因素。

话语手段是多种多样的，而每一种话语手段的话语功能也是多方面的。例如：激将话语就有多种形式和形态，激将的效果可以是增力的，也可以是减力的（激而不动）。

体现一定话语手段的话语是和一般的交际话语配合使用的。一般交际话语多用来铺垫、衬托、造势，而体现话语手段的话语则穿插其间，画龙点睛。二者犹如绿叶和红花、群星和明月。

话语手段的运用还要选择合适的语言要素，如词语、句式、句类、关系、关联方式等；还要采用多种修辞手法，如譬喻、对比、仿拟、照应等，以达到最佳的话语形式，收到最佳的话语效果。

【第三章】
话语心理及话语心理期待

话语手段在实施的过程中，受到的影响因素较多，其中话语心理及话语心理期待是影响话语手段实施的重要因素。本章将通过两个个案研究，对话语心理和话语心理期待进行详细的研究与分析。

第一节 话语心理概述

　　心理属性是语言的属性之一。话语交际也和人的心理活动密切相关。话语目的的确定、话语策略的策划、话语手段的选择等主要是在心理层面操作的。从说话人的角度来说，交际前要考虑的问题有：此次交际目的是什么？应该如何进行此次交际？交际对象有什么特点？对方对此次交际有什么期待？我选择什么样的方式方法进行交际？遇到突发或意外情况如何应对？……从听话人的角度来说，交际前也要考虑相应的问题：对方为什么要和我交际，有什么目的？对方会谈哪些方面的问题？自己应该采用什么样的策略应对？选择什么样的话语方式方法应对？……

　　话语心理的另一方面的内容就是话语预测和话语修订。说话人发出话语后，随即就会对听话人可能发出的话语进行预测或预判，如果听话人发出的话语同预测或预判的情况一致，那么话语交际就可以按照原来的话语计划（话语策略、话语手段等）继续执行。如果听话人发出的话语同预测或预判的情况不一致，那么就要对原来的话语计划进行修订（话语策略、话语手段等），或者采取一定的补救措施，把话语交际"拉回"到原来的轨道上来。在多轮话语交际中，交际的双方都会进行话语预测或预判，并进行话语修订。

上述这些是话语心理活动及其过程的主要内容。

话语心理的研究内容还包括话语生成和话语理解。生成语言学和心理语言学在这些方面已经进行了较深入的研究，成果也较多。此处不赘述。

第二节 中国古代话语交际的话语心理个案研究

中国古代话语交际的话语心理研究是汉语古代话语交际研究的一个组成部分，关于古代话语交际的话语心理的研究具有的启发和教益意义，限于本研究的性质（话语手段研究）和侧重点（现代汉语话语交际），目前我们还不能对中国古代话语交际的话语心理进行全面、深入的研究。但是，我们可以通过一个个案研究来显示这方面研究的巨大潜力和价值。

中国古代先贤韩非子在《说难》中对话语心理进行了精当的论述。韩非子的论述被认为是中国话语心理学研究的先河。这就是我们的第一个个案研究：

韩非子《说难》[①] 解读和论析

简介：《说难》陈述进说君主的困难，并分析其成功与失败的原因。该文对汉语乃至于世界话语语言学理论的建构都有着重要的意义。

原文第一节：

（28）凡说之难：非吾知之有以说之之难也，又非吾辩之能明吾意之难也，又非吾敢横失而能尽之难也。凡说之难：在知所说之心，可以吾说当之。所说出于为名高者也，而说之以厚利，则见下节而遇卑贱，必弃远矣。所说出于厚利者也，而说之以名高，则见无心而远事情，必不收矣。所说阴为厚利而显为名高者也，而说之以名高，则阳收其身而实疏之；说之以厚利，则阴用其言显弃其身

---

① 王焕镳.韩非子选[M].上海人民出版社，1974：43—51.

第三章 话语心理及话语心理期待

矣。此不可不察也。

《说难》首节说明进说者必须首先了解进说对象（君主）的心理状况，他追求什么，想要什么，然后采用相应的说法和话语进说，这样才会达到预期的目的。如果不能准确地揣测进说对象（君主）的心理状况，就不会收到很好的进说效果，正如文中所说："所说阴为厚利而显为名高者也，而说之以名高，则阳收其身而实疏之；说之以厚利，则阴用其言显弃其身矣。此不可不察也。"

推而广之，说话者在话语交际之前对话语对象的心理状况如果没有准确的确定，也不会收到很好的话语效果。而准确地判定话语对象的心理状况，就是为了确定自己的话语策略，以便运用相应的话语手段，达到自己的话语目的。

由上文可见，韩非子认为，话语交际就是为了达到相应的交际目的，而不是考虑什么交际原则。话语目的决定话语策略和话语手段，这是话语交际之前必须要确定的方面。还有，韩非子很可能是世界上提出话语交际的心理分析的第一人。

原文第二节：

（29）夫事以密成，语以泄败。未必其身泄之也，而语及所匿之事，如此者身危。彼显有所出事，而乃以成他故，说者不徒知所出而已矣，又知其所以为，如此者身危。规异事而当，知者揣之外而得之，事泄于外，必以为己也，如此者身危。周泽未渥也，而语极知，说行而有功，则德忘；说不行而有败，则见疑，如此者身危。贵人有过端，而说者明言礼义以挑其恶，如此者身危。贵人或得计而欲自以为功，说者与知焉，如此者身危。强以其所不能为，止以其所不能已，如此者身危。故与之论大人，则以为间己矣；与之论细人，则以为卖重。论其所爱，则以为借资；论其所憎，则以为尝己也。径省其说，则以为不智而拙之；米盐博辩，则以为多而

37

交之。略事陈意，则曰怯懦而不尽；虚事广肆，则曰草野而倨侮。此说之难，不可不知也。

《说难》的第二节列举谏说足以危身的十五事，以说明进说之难。这一节的内容可以概括为话语失误论。韩非子对话语失误进行了细致的分析分类，他列举的话语失误的种类有：

①话语内容谈及君主不愿外泄的隐私或心事。

②话语说穿了君主之所为，更说明其行为的意图。

③为君主筹划不平常之事被智者看破，以至于身负泄密之罪。

④未得君主厚爱而谈论尽其所知，即使进说成功功劳也会被君主忘记，而如果失败就会被君主怀疑。

⑤进说者谈论礼义来批评君主的过错，挑他的毛病。

⑥君主计谋得当自以为功时，进说者表示"我也知道"。

⑦勉强君主去做他不能做的事，强迫君主停止他不愿意停止的事。

⑧不要和君主议论大臣，否则会被认为是想离间君臣关系。

⑨不要和君主谈论近侍小臣，否则会被认为是抬高自己的身价。

⑩谈论君主喜爱的人，会被认为是拉关系。

⑪谈论君主憎恶的人，会被认为是搞试探。

⑫说话直截了当，会被认为是不聪明而笨拙。

⑬谈话琐碎详尽，会被认为是啰唆、冗长。

⑭简略陈述意见，会被认为是怯懦、不敢尽言。

⑮谋事空泛放任，会被认为是粗野、不懂礼貌。

在上述话语失误中，①②⑤⑦是由于话语内容不当。③是由于进说忽视旁观者。④⑥是对自己和君主的关系把握不当。⑧⑨⑩⑪是对话语后果考虑不到。⑫⑬⑭⑮是表达方式方面的失误

原文第三节：

（30）凡说之务，在知饰所说之所矜而灭其所耻。彼有私急

也，必以公义示而强之。其意有下也，然而不能已，说者因为之饰其美而少其不为也。其心有高也，而实不能及，说者为之举其过而见其恶，而多其不行也。有欲矜以智能，则为之举异事之同类者，多为之地，使之资说于我，而佯不知也以资其智。欲内相存之言，则必以美名明之，而微见其合于私利也。欲陈危害之事，则显其毁诽而微见其合于私患也。誉异人与同行者，规异事与同计者。有与同污者，则必以大饰其无伤也；有与同败者，则必以明饰其无失也。彼自多其力，则毋以其难概之也；自勇之断，则无以其谪怒之；自智其计，则毋以其败躬之。大意无所拂悟，辞言无所击摩，然后极骋智辩焉。此道所得，亲近不疑而得尽辞也。伊尹为宰，百里奚为虏，皆所以干其上也。此二人者，皆圣人也；然犹不能无役身以进，如此其污也！今以吾言为宰虏，而可以听用而振世，此非能仕之所耻也。夫旷日离久，而周泽既渥，深计而不疑，引争而不罪，则明割利害以致其功，直指是非以饰其身，以此相持，此说之成也。

《说难》的第三节针对第二节指出的十五种失误，提出了应该采用的进言之术。进言之术的总原则就是饰其所矜而灭其所耻（矫饰进说对象自夸之事而掩盖他自耻之事）。然后根据君主心理的不同情况而采用相应的说话方法：

①君主有私人的急事，进说者就应该指明其合乎公义并鼓励他去做。

②君主有卑下的念头而又不能克制，进说者就应该粉饰赞美它，而不要加以责怪。

③君主企求过高但实际做不到，进说者应该指出其错处，显示其坏处，君主如果不做要大加称赞。

④君主想自夸智慧与才干，进说者就应该给他举出同类的情况，多提供根据，使他从中得到帮助，而自己则佯装不知，以此来资助他的才智。

以上四点是韩非子从进说对象角度说明应如何进说。

⑤想让君主采纳共存相安的话，一定要用美名阐明它，并暗示它合乎君主私利。

⑥进说者想要陈述危害之事，就要说明会遭到的毁谤，并暗示它对君主也有害处。

⑦进说者赞誉别的人，此人要与君主行为相同。

⑧为君主规划别的事，此事要与君主考虑的相同。

⑨有和君主污行相同的，要大加粉饰，说他无害；有和君主败迹相同的，要光明堂皇地粉饰，说他无过。

以上五点是韩非子从进说者的角度说明应如何进说。

⑩君主自恃力量强大时，就不要用他为难的事去压抑他；

⑪君主自以为决断勇敢时，就不要用他的过失去激怒他；

⑫君主自以为计谋高明时，就不要用他的败绩去困窘他。

以上三点是韩非子指出进说时应避免的情况。

总的来说，韩非子的观点是：如果进说的主旨没有什么违逆，言辞没有什么抵触，就可以充分施展自己的智慧和辩才了。由此可以达到君主亲近不疑而又能畅所欲言的状况。这种状况长期持续，君主的恩泽已厚，进说者深入谋划不再被怀疑，据理力争也不再会获罪，就可以明晰利害以成就君主的功业，直指是非来完善君主，能这样相互对待，进说就成功了。

原文第四节：

（31）昔者郑武公欲伐胡，故先以其女妻胡君以娱其意。因问于群臣，"吾欲用兵，谁可伐者？"大夫关其思对曰："胡可伐。"武公怒而戮之，曰："胡，兄弟之国也。子言伐之，何也？"胡君闻之，以郑为亲己，遂不备郑。郑人袭胡，取之。宋有富人，天雨墙坏。其子曰："不筑，必将有盗。"其邻人之父亦云。暮而果大亡其财。其家甚智其子，而疑邻人之父。此二人说者皆当矣，厚者为戮，薄者见疑，则非知之难也，处知则难也。故绕朝之言当矣，其为圣人于晋，而为戮于秦也，此不可不察。

《说难》第四节用历史故事与民间传说证明进说的"非知之难，处之则难"（不是了解情况有困难，而是处理所了解的情况很困难）的论点。强调语境因素的变化（不同的时间、不同的地点、不同的对象等）和进说效果的关系。

原文第五节：

（32）昔者弥子瑕有宠于卫君。卫国之法：窃驾君车者罪刖。弥子瑕母病，人间往夜告弥子，弥子矫驾君车以出。君闻而贤之，曰："孝哉！为母之故，忘其刖罪。"异日，与君游于果园，食桃而甘，不尽，以其半啖君。君曰："爱我哉！忘其口味以啖寡人。"及弥子色衰爱弛，得罪于君，君曰："是固尝矫驾吾车，又尝啖我以馀（余）桃。"故弥子之行未变于初也，而以前之所以见贤而后获罪者，爱憎之变也。故有爱于主，则智当而加亲；有憎于主，则智不当见罪而加疏。故谏说谈论之士，不可不察爱憎之主而后说焉。

夫龙之为虫也，柔可狎而骑也；然其喉下有逆鳞径尺，若人有婴之者，则必杀人。人主亦有逆鳞，说者能无婴人主之逆鳞，则几矣。

《说难》的末节用弥子瑕的故事说明进说者必须明察人主之爱憎。再次说明语境因素的可变性，特别是进说的对象（君主）的变化。

综上所论，韩非子《说难》对话语语言学的贡献有如下几点：

韩非子清晰地指出了话语交际的全过程。韩非子指出：话语交际始于一定的话语目的（向君主进说并被采纳），然后进说者观察进说对象、分析其心理状况、确定话语策略，采用相应的、恰当的话语方法和话语手段，避免各种话语错误，最终实现话语目的。这是古代先贤早期提出的话语交际目的论。应该说，话语交际目的论比话语交际原则论更为深刻，其解释力（范围、现象、深度等）也更强。

韩非子重点论述了话语交际中的话语对象论，明确指出了说话者和说话对象权势地位对话语交际的重要影响，交际对象的心理状况对交际的重要影响，并提出交际时要重视对交际对象的心理分析。应该说，在话语交际语境中，话语对象无疑是最重要的因素。这应该是语境分析理论的基本原则之一。

韩非子提出了话语失误论，列举了话语失误的各种状况，分析其原因，指出其后果，提出相应的对策。这同后世提出的话语合适论珠联璧合，共同构成话语得体论。

韩非子把语境论和话语的得体性结合起来进行论说，包括话语和对象、话语和时间与场合，并提出了相应的话语策略和话语手段。

至于以《三国演义》为代表的白话小说及其批注（例如金圣叹的批注），更是我国话语语言学的宝藏。其中关于话语交际、话语策略、话语手段的描述丰富多彩，美不胜收。这样的话语语言学的宝藏值得我们深入挖掘并推而广之。

第三节 汉语话语交际和话语心理期待的个案研究

一、话语心理期待概述

所谓话语心理期待，通俗地说，就是人们希望在交际时想听到什么样的话。话语心理期待和话语预测或预判是不同的。二者的区别是：话语预测或预判面面俱到，而话语心理期待则是一厢情愿。话语心理期待还有另外一方面的意思，即话语心理排斥，即人们不希望在交际时听到什么样的话。话语心理期待和话语心理排斥实际上可以看作话语心理期待的正反两个方面。

话语心理期待和听话者以及语境的诸因素密切相关。

从听话者的身份和地位来说，不同身份、地位的人想听到的话和不想听到的话是不同的。就一般情况来说，领导者希望听到恭维、奉承、顺从、顺耳的话，而不想听到冲撞、反对、藐视、逆耳的话。而作为下属来说，一般希望听到表扬、勉励、关怀的话，而不想听到批评、斥责、冷淡的话。

再如性别因素。年轻女性大都希望听到评价自己年轻貌美、品行端庄、才女淑女，或者巾帼不让须眉之类的话语，而不希望听到评价自己容貌平平、风骚浪荡、绣花枕头、头发长见识短之类的话语。年轻男性大都希望听到评价自己相貌英俊、风度潇洒、才华出众、前程远大之类的话语，而不希望听到评价自己形貌猥琐、缺乏风度、胸无大志、难成大事之类的话语。

从语境的时间、处境综合而成的境况因素而言，飞黄腾达时，人们希望听到颂扬、奉承、捧场之类的话，而不愿意听到劝诫自己不要忘本、警惕翻船之类的话。落魄潦倒时，人们则希望听到同情、关切、温暖的话语，而不希望听到无情、敷衍、冷漠的话语。生活安定时，人们希望谈论健康养生、休闲旅游、子女教育之类的话题。生活动荡时，人们常常谈论局势变化、生活需求、物价变化之类的话题。病人的家属最希望听到医生说"病人不要紧"，而考生的父母愿意听到的话语是"你孩子准能上名校"。

教师最希望听到他的学生说"老师，我们最喜欢你的课了"，而学生则希望听到他的老师说"你是最棒的"。外科医生喜欢人们说自己"刀下留人"，护士喜欢人们说自己"一针见血"，会计喜欢人们说自己是"金算盘"，战士最喜欢人们叫他们"最可爱的人"。如此等等，不一而足。

上述情况表明：话语心理和话语心理期待确实存在，并且同交际者、交际语境等因素有密切的关系。因此，要进行成功的交际，收到预期的交际效果，达到自己的交际目的，我们应该重视话语心理和话语心理期待的研究。同样，话语手段的研究也应该重视话语心理和话语心理期待的研究。

二、话语的契合度

我们把听话人期待、希望听到的话语叫作期待话语，把说话人实际说出的话语叫作实际话语。话语的契合度指的是期待话语和实际话语之间的契合程度。将话语的契合度用 {1，0} 区间的值刻画，那么，期待话语和实际话语之间的契合度有如下几种情况：

期待话语为 A，实际话语也是 A。这种情况二者就是完全契合。契合度为 1。例如：

（33）甲：你能借我点儿钱吗？乙：行，没问题。

期待话语为 A，实际话语是 B。这种情况二者是高度契合。契合度为 0.8。例如：

（34）甲：你能借我点儿钱吗？乙：可以，不过数额不要太大了。

期待话语为 A，实际话语是 C。这种情况二者是比较契合。契合度为 0.6。例如：

（35）甲：你能借我点儿钱吗？乙：你想借多少呢？

期待话语为 A，实际话语是 D。这种情况二者是基本契合。契合度为 0.4。例如：

（36）甲：你能借我点儿钱吗？乙：出什么事了吗？

期待话语为 A，实际话语是 E。这种情况二者是基本不契合。契合度为 0.2。例如：

（37）甲：你能借我点儿钱吗？乙：我最近手头也不富余。

期待话语为 A，实际话语是 F。这种情况二者是完全不契合。契合度为 0。例如：

（38）甲：你能借我点儿钱吗？乙：没钱，不借。

一般来说，话语的契合度高，交际进行得就比较顺利、融洽，交际效果也比较好。反之，交际就会有反复，交际难度也会增大。

下面我们通过一个个案分析，观察一下交际中的话语契合度的情况。

三、个案研究：沙瑞金召开民主生活会[①]

本个案的语料引自周梅森《人民的名义》第 33 节，第 234—236 页。

（39）沙瑞金宣布散会，却把高育良和李达康留下了。

收拾着桌上的文件，沙瑞金对二人说，自己调过来已经有一段日子了，还没有开过民主生活会，提议召开一次班子的民主生活会。高育良和李达康都说手上事多，希望推迟一些日子。沙瑞金不依，话里有话说："不好再迟了吧？我还希望你们二位在会上为大家带个好头呢。"

李达康心里一紧，当即表态要在民主生活会上第一个发言。准备从前妻欧阳菁落马谈起，在这件事上，他有不少话要说，得对组织有个交代。沙瑞金也不客气，批评说："本来就等着你来找我谈，可你没来，那就在生活会上谈吧。"沙瑞金指出，离婚不是错，但离婚后用专车把涉嫌犯罪的前妻往国际机场送，那就错了，起码是没有警惕性。

---

① 周梅森.人民的名义[M].北京：北京十月文艺出版社，2017：234-236.

李达康接受批评，说是自己心硬了一辈子，关键时刻却软了。高育良在一旁叹息："可以理解，几十年的夫妻嘛，平时关系又不好，最后时刻对方提出了也不好不送。再说当时也不知道欧阳菁涉嫌犯罪嘛。"沙瑞金很严肃："话虽这样讲，可如果没有侯亮平，会是啥后果啊？"李达康坦承道："后果就太严重了，我没法对省委、对中央交代啊！"

沙瑞金又不动声色地和高育良谈了起来："还有你育良同志，吕州那个美食城又是怎么回事？据说是你批的，是当年的政绩工程吗？"高育良苦笑不已："沙书记，还真让您说对了，就是政绩工程嘛！经济滑坡了，赵立春同志和当时的省委提出要大力发展第三产业，美食城就匆忙上马了。认识不足，没想到会严重污染环境，教训沉痛啊。"沙瑞金同样不客气："这个教训是够沉痛的！你高育良书记大笔一挥，批下了一个权贵项目，吕州的名片月牙湖就成了污水坑，代价也太大了吧？"

高育良也出汗了："是啊是啊，历史局限性啊，当时谁也没有想到这个嘛！"沙瑞金紧抓不放："育良同志，缺少说服力吧？达康同志怎么没有这种局限呢？他在吕州做市长就没有批这个项目嘛！到了林城，又改造采煤塌陷区做开发区，这一正一负结果我都亲眼看了，令我触目惊心啊！"李达康不失时机地点出问题要害："关键在'权贵'二字上。如果这座美食城不是赵家公子要上马，相信育良书记的局限性会小一些。"

高育良只得咽下苦果，主动检讨："达康同志说得对，这正是我要好好反省的。认识上的局限性，加上不唯实只唯上，就犯了一个历史性错误。"沙瑞金呵呵笑了起来，指点着高育良打趣："哎，瞧瞧，我们育良同志都出汗了，这个民主生活会应该能出一个好效果了……"

上例中的沙瑞金是省委书记，李达康是京州市委书记，高育良是省政法委书记，沙瑞金的话语权的权重大于李达康和高育良。同时，沙瑞金提议召开一次民主生活会也是有充分的理由的，因此，沙瑞金希望听到支持、同意、服从的话语。但是李达康和高育良却说"手上事多，希望推迟一些日子"。这虽然不是直接拒绝或反对，但也是拖延，态度消极。因此，在这轮话语中，李达康和高育良的话语同沙瑞金的心理期待基本上不契合（契合度不足 0.2）。

沙瑞金没有实现预期的话语目的，所以，"沙瑞金不依"，再次争取，并且还使用了"话里有话"的话语手段："不好再迟了吧？我还希望你们二位在会上为大家带个好头呢。"李达康听到沙瑞金的话的反应是"心里一紧"。为什么？因为不久前他出了一个大事：用他的市委书记的专车送他的有犯罪嫌疑的前妻欧阳菁去机场（试图逃跑出国）。所以他当即表态："要在民主生活会上第一个发言。准备从前妻欧阳菁落马谈起，在这件事上，他有不少话要说，得对组织有个交代。"这当然是对沙瑞金提议召开民主生活会的支持，是对沙瑞金提议的积极反应。李达康的话语同沙瑞金的心理期待是比较契合的（契合度为 0.6）。

在这一轮话语中，沙瑞金的话语同李达康和高育良的心理期待是不契合的（契合度为 0）。沙瑞金不仅坚持要开民主生活会，而且还要让李、高二人在会上带个头（带头作自我批评）。（这是在使用话语手段"敲打"）沙瑞金的"敲打"手段收到相应的话语效果，李达康率先转变态度，表示支持，并且报出自我批评的内容——欧阳菁事件。但是，由于他的第一话轮的消极反应，所以，"沙瑞金也不客气"，并且批评说："本来就等着你来找我谈，可你没来，那就在生活会上谈吧。"然后指出："离婚不是错，但离婚后用专车把涉嫌犯罪的前妻往国际机场送，那就错了，起码是没有警惕性。"沙瑞金的话语同李达康的心理期待基本上不契合（契合度为 0.2）。

由于沙瑞金对李达康说的话分量很重（不是"敲打"，而是明确的"批评"），所以"李达康接受批评，说是自己心硬了一辈子，关键时刻却软了"。李达康的话语基本上是趋附沙瑞金的心理期待而说的，但是也有为自己解脱的成分（因为自己心软），所以李达康话语同沙瑞金的心理期待是比较契合（契合度0.6）。高育良的话语则是明显地为李达康开脱："可以理解，几十年的夫妻嘛，平时关系又不好，最后时刻对方提出了也不好不送。再说当时也不知道欧阳菁涉嫌犯罪嘛。"高育良的话语同沙瑞金的心理期待基本不契合（契合度不足0.2），所以，"沙瑞金很严肃：'话虽这样讲，可如果没有侯亮平，会是啥后果啊？'"李达康听了沙瑞金的话，知道沙瑞金对自己的态度仍然不满意，这才再次修改自己话语的契合度："李达康坦承道：'后果就太严重了，我没法对省委、对中央交代啊！'"

在这轮话语中，李达康在不断地调整自己话语的契合度，而高育良的插话则明显地不配合。因此，沙瑞金接下来就要解决高育良的态度问题。对于这一点，高育良也是有思想准备的。请看下一轮话语。

沙瑞金虽然是不动声色，却是"单刀直入"（这也是话语手段之一）："还有你育良同志，吕州那个美食城又是怎么回事？据说是你批的，是当年的政绩工程吗？"此时，沙瑞金希望听到高育良对此事有深刻认识的话语，但是高育良却"避重就轻"（这是话语策略之一），并且还抬出赵立春："沙书记，还真让您说对了，就是政绩工程嘛！经济滑坡了，赵立春同志和当时的省委提出要大力发展第三产业，美食城就匆忙上马了。认识不足，没想到会严重污染环境，教训沉痛啊。"高育良的话语同沙瑞金的心理期待相去甚远（契合度不足0.2），所以"沙瑞金同样不客气：'这个教训是够沉痛的！你高育良书记大笔一挥，批下了一个权贵项目，吕州的名片月牙湖就成了污水坑，代价也太大了吧？'"

沙瑞金的话分量太重了，远不是一句"教训沉痛啊"可以推脱过去的。沙瑞金的"代价也太大了吧？"（使用的话语手段是"连追带打"，不给高育良喘息的机会）让高育良不能不正视自己的所作所为，于是，他不得不调整自己话语的契合度，但仍要乱以他词："是啊是啊，历史局限性啊，当时谁也没有想到这个嘛！"高育良话语的契合度仍然很低，充其量也就是0.4。所以"沙瑞金紧抓不放：'育良同志，缺少说服力吧？达康同志怎么没有这种局限呢？他在吕州做市长就没有批这个项目嘛！到了林城，又改造采煤塌陷区做开发区，这一正一负结果我都亲眼看了，令我触目惊心啊！'"（话语策略：穷追猛打。话语手段：货比货）。此时，李达康不失时机地点出问题要害："关键在'权贵'二字上。如果这座美食城不是赵家公子要上马，相信育良书记的局限性会小一些。"李达康的话语同沙瑞金的心理期待此时才达到了完全契合（契合度为1）。

在沙瑞金的穷追猛打和李达康的"权贵"点穴（话语手段之一）之下，高育良只好调整自己的话语策略，不过态度还是很勉强的："高育良只得咽下苦果，主动检讨：'达康同志说得对，这正是我要好好反省的。认识上的局限性，加上不唯实只唯上，就犯了一个历史性错误。'"到了这个时候，沙瑞金已经达到了预期的话语目的，虽然高育良的话语同他的心理期待还有一定的差距（契合度大约0.6），但是"得饶人处且饶人"（话语策略），不能赶尽杀绝。所以沙瑞金一打哈哈二打趣："沙瑞金呵呵笑了起来，指点着高育良打趣：'哎，瞧瞧，我们育良同志都出汗了，这个民主生活会应该能开出一个好效果了……'"

通过上面这个个案分析，我们可以看到：

第一，话语的契合度的问题在交际中是实际存在的。话语的契合度反映了交际者之间配合的程度问题。不过交际者之间的配合与否并不取决于合作原则、礼貌原则，而是取决于交际者各自要达到的交际目的。

第二，话语契合度是可变的、可调的。话语契合度的调节一般受以下因素影响：①话语权的权重。一般情况下，话语权重小的一方会根据话语权重大的一方的心理期待调节自己的话语的契合度。例如上例中李达康对自己话语的调节。②话语目的。交际是受交际目的主导的。为了达到一定的交际目的，交际者会根据交际情况的变化调节自己的话语的契合度。例如上例中沙瑞金的话语就有一个商议—敲打—批评—质问—穷追猛打的变化。高育良的话语也根据交际的实际情况进行了调节，经历了推脱—打横炮—避重就轻—勉强认错的变化。

第三，话语契合度的调节包括话语策略的调节和话语手段的使用。因为话语是话语手段实施的产物。特定的话语手段会产生具有特定功效的话语。在上例中，沙瑞金、李达康、高育良的话语策略和话语手段都进行了调节。这些情况我们在第七章的个案分析中已经指出，可以参看。

第四，话语手段和话语契合度的关系。话语手段的运用要受到交际目的、话语策略、话语权重、话语心理期待、交际时间和处所等多方面因素的制约，其中最主要的因素是主观方面的交际目的和话语策略，交际对象的心理期待，还有双方的话语权重。

主观的交际目的和话语策略对话语手段的制约最大，因为话语手段就是为了实现交际目的、实施话语策略的手段和方法，所以话语手段的使用首先要考虑交际目的的实现，符合话语策略的要求。例如在我们前面分析的个案中，沙瑞金同李达康、高育良谈话的目的就是要召开民主生活会，所以，从交际开始的提议，到随后的敲打、追问、货比货、调侃等话语手段的使用，都是为了实现召开民主生活会而使用的。

交际对象的话语心理期待对说话人的话语手段的使用也有一定的制约作用，特别是在话语权重不对等的情况下，这种制约作用尤其明显。在我们前面分析的个案中，由于李达康、高育良的话语权重低于沙瑞金，因此他们对于沙瑞金开民主生活会的提议只能采取"推脱"的策略，使用的话语手段是"借故"（手上事多），但是却不敢直接拒绝。当沙瑞金进一步敲打、追问时，李达康和高育良二人都根据沙瑞金的话语心理期待进行了话语调整，话语策略从推脱到趋附，使用的话语手段也随之改变。

第五，话语手段的功效及其运用。一般来说，话语手段的功效和话语对象及其话语心理期待之间存在着一定的对应关系。比如，话语对象想听好话，比较适宜的话语手段是"拍马"；对于色厉内荏的话语对象，比较适宜的话语手段是"狠话"；对于自负、自信、倔强的话语对象，比较适宜的话语手段是"激将"；对于咄咄逼人的上级下达的难以执行的指令，比较合适的话语手段是"太极推手"或"环顾左右",如此等等,不一而足。

实际上,话语手段的功效同话语对象及其话语心理期待地对应是错综复杂的。不同的话语手段就是为了在不同目的、时间、地点、情境下使用的。因此,话语对象的心理期待不能认为是话语手段使用的决定因素,充其量也就是话语手段使用的一个背景因素而已。

话语心理因素并不是话语运用的决定性因素。话语心理的分析是为了更有效地进行交际,以达到预期的交际目的。汉语话语手段的运用呈现出相对的独立性。例如,话语对象希望听到好话时,说话人可以曲语恭维,也可以直来直去,实话实说;学生有错误,教师可以严厉批评,狠话预警,也可以正色说理、温言劝诫,也可以既往不咎,鼓励其改过自新。话语手段的灵活运用,在于对话语对象心理等各要素的综合判断的思考。

【第四章】
汉语话语手段——狠话

第四章　汉语话语手段——狠话

第一节　"狠话"简说

一、"狠话"研究简介

关于对"狠话"的研究，目前不多，且多就"狠话"而说"狠话"，如李佳、臧岚《解读中央巡视组的"狠话"》、周年丰的《且说"硬话"与"狠话"》、邓憨山的《警惕从"雷雨"滑入"狠话"》等，对"狠话"进行话语分析，而把"狠话"作为话语手段来研究的暂时还没有发现。

二、"狠话"简释

什么是"狠话"？我们先来看几个"狠话"的例子：

（40）（歹徒对抢劫对象说）把钱包给我！不然我捅死你！

（41）（警察对歹徒喊）不许动！动就打死你！

（42）（警察对闹事者）别闹了！再闹刑拘！

（43）尹卓少将：民进党若敢宣布"台独"，战争武统绝无二话！（中华网《新闻频道》2017年3月5日）

（44）韩国国防部长宣称：韩国要建特种部队，定点清除朝方首脑！（CCTV13《东方时空》2016年9月22日）

（45）朝中社发言人声称：如果美国轰炸机挑衅朝鲜，朝鲜就抹去关岛！（CCTV13《东方时空》2016年9月22日）

上面例子就是我们所说的"狠话"。看了上面的例子，我们先尝试着给"狠话"一个通俗的说法：从说话人的角度来说，"狠话"就是说话人使用的，能让听话者感到害怕、恐惧，并预设出可怕结果的话语。从听话人的角度来说，"狠话"就是听了感到害怕、恐惧的话，从而服从说话人的命令或要求。

第二节 包含"狠话"的话语结构

包含"狠话"的话语具有一定的结构，或曰一定的格式。我们称之为"狠话"话语结构。通过观察、分析上一节中举出的例子，我们发现，"狠话"话语结构一般表现为如下格式：

命令/要求+假设+狠话

下面我们将对这个格式的结构进行分析。

一、"狠话"话语结构中的"命令/要求"部分

我们先来看格式中的"命令/要求"部分。

"命令/要求"部分可以出现，也可以不出现，但以出现为常见。如例（40）（41）（42）中的"把钱包给我""不许动""别闹了"。再如：

（46）（歹徒对抢劫对象说）别乱动啊！小心脖子给勒断！（电视剧《新世界》第59集）

（47）（防守陈家峪的独立团二营营长对战士们说）我可告诉你们：要是有什么情况的话，都得给我拼命！谁要是不拼的话，我就先搞死谁！（电视剧《亮剑》第6集）

（48）叫他们别再撞了，再撞手雷就炸了。（电视剧《红色》第 48 集）

上面例子中前半句，就是话语中的"命令/要求"部分，一般都以祈使句的形式出现。"命令/要求"也有不出现的情况。例如：

（49）（老师对学生说）以后上课再捣乱，我就开除你！

（50）（局长对大案队长说）如果你不把凶手给我抓回来，我就撤了你！（电视剧《警中英雄》第 2 集）

（51）军事专家尹卓：中国不会开第一枪，但此国敢动手的话我们将打到他满地找牙。（搜狐新闻《狙击全球眼》2018 年 8 月 4 日）

（52）师长对总部参谋说："告诉赵刚：马上把李云龙叫回来！总部的安全如果出现一点点问题，他们两个提头来见我！"（电视剧《亮剑》第 6 集）

上面的例子中没有出现"命令/要求"部分，但是我们通过出现的话语成分，可以推导出"命令/要求"部分。或者说，相关的话语中蕴含着"命令/要求"的语义。我们来分析一下：

例（49）中，"以后上课再捣乱，我就开除你！"蕴含着"以后上课不许捣乱！"

例（50）中，"如果你不把凶手给我抓回来，我就撤了你！"蕴含着"你必须抓住凶手！"

例（51）中，"中国不会开第一枪，但此国敢动手的话我们将打到他满地找牙！"蕴含着"我们警告此国不要肆意妄为！"

例（52）中，"总部的安全如果出现一点点问题，他们两个提头来见我！"蕴含着"总部的安全不能出现一点点问题！"

二、"狠话"话语结构中的"假设"部分

我们再来看"狠话"格式中的"假设"部分。

上面格式中的"假设"部分或者以假设分句的形式出现，或者以紧缩句的形式出现。如：例（40）中的"不然"虽然只是一个连词，但是根据文义来理解，"不然"的语义是"如果不这样"，表达的仍然是假设语义。

例（41）中的"动就……"格式表达的语义是"如果（你）动那么（我）就……"，表达的还是假设语义。

例（42）和例（49）中的"再闹""再捣乱"，其中的"再"表达了较明显的假设语义。

再如

（53）王擎汉：不要有人跟着，我要是被炸死了，你们大家都要倒霉的。（电视剧《红色》第 48 集）

（54）（李云龙叫魏和尚去保护政委赵刚）去！政委他不会玩儿刀！快去！他有了闪失，我他妈剥了你的皮！（电视剧《亮剑》第 4 集）

例（53）中的"要是"很明显是假设语义。例（54）中的"他有了闪失"前没有假设连词，但是句子的假设性质是确定无疑的。

（55）栏目军事专家尹卓：中国不想打你，要动手你们十几个国家一起上也不是对手。（腾讯视频《时间分两半》2018 年 3 月 10 日）

上例中的"要动手"表达的意思是"如果要动用武力"，也应该属于假设。

有时，"假设"也会以问句的形式出现。例如：

（56）（父亲对孩子）你再哭？

（57）（打架双方）你再说一遍？（再乱说看我不打死你）

（58）下面再来谈一下芮小丹的问题。这芮小丹，作为一名刑警，上班的时间开着警车逛音响商店，一逛就是一个多星期，你还想不想干？你把刑警队当成什么地方？（电视剧《天道》第3集）

三、"狠话"话语结构中的"狠话"部分

最后我们来分析一下"狠话"话语结构中的"狠话"部分。

"狠话"的位置一般出现在此类话语的最后部分。当与积极性承诺话语同时出现时，我们可以把它看作是"狠话"话语结构的变体。如：

（59）你要是乖乖的，我保证你不会有事；当然，我也可以让你活不过明天，如果你不听话的话。

此外"狠话"出现的话语形式还有第三种：即只出现"狠话"或"假设"部分，可以称为省略式。例如：

（60）你来试试！（该例表达的语义是：如果你不怕死，那你就来试试！）

根据该句表达的语义分析，"你来试试！"应该属于"狠话"性质。

（61）我看你再哭？！（该例表达的语义是：你再哭，我就揍你！）

根据该句表达的语义分析，"我看你再哭？！"应该属于"假设"性质。

（62）血刀僧见他（花铁干）如此害怕的模样，得意非凡，

叫道：嘿嘿，我有妙计七十二条，今日只用三条，已杀了你江南三个老家伙，还有六十九条，一条条都要用在你身上！（金庸《连城诀》）

上例中只有狠话，没有假设部分。

对于下例的这种情况，需要结合语境加以分辨：

（63）你再往前走一步？！

如果上例表达的语义是"你如果想死，那你就再往前走一步！"，那么上例应属于"狠话"性质。

如果上例表达的语义是"如果你再往前走一步，就打死你！"，那么上例应属于"假设"性质。

四、"狠话"话语结构形式归纳

通过上面的分析，我们把包含"狠话"的话语结构归纳为如下三种形式：

①完整式：命令/要求+假设+狠话。例如（41）：（警察对歹徒喊）不许动！动就打死你！

完整式中话语成分齐全，语义清楚，话语的作用也很明确。

②半完整式：（命令/要求）+假设+狠话。例如（49）：（老师对学生说）以后上课再捣乱，我就开除你！

（64）金爷，今儿你要是给爷认个错，爷今儿就不揍你了！（电视剧《新世界》第60集）

半完整式虽然缺少"命令/要求"部分，但语义蕴含明显，也不会影响对话语的理解。

③省略式。(命令/要求)+假设+狠话。例如：

（65）韩国国防部长宣称：韩国要建特种部队，定点清除朝方首脑！（CCTV13《东方时空》2016年9月22日）

（66）叫他把枪放下！（电视剧《红色》第48集）

例（65）的完整式为：朝鲜必须停止核试验！如果朝鲜不停止核试验，韩国就定点清除朝鲜首脑！例（66）的完整式为：快叫他把枪放下，不然的话，我就炸手雷了！

第三节 "狠话"的语义分析

一、言语行为和话语语义

话语都是表达一定的语义的，但是话语表达的语义并非完全相同。比如真话和谎话，夸张和写真等等，其语义就有区别。"狠话"的语义也是有区别的。

"狠话"这一言语行为的性质基本上是施事行为，也就是以言行事。不过，话语的以言行事和实际上人的行动是不能画等号的。有的能说也能做，比如"打人"；有的说着容易做着难，比如"打世界大战"；有的是只能说不能做，比如"打核战争"。这样，由于言语行为和实际行为之间的区别，"狠话"的话语语义也不能一概而论。下面我们将对这个问题进行分析讨论。

二、真实语义的"狠话"

第一种情况："狠话"要做的事情是可能发生的，并且说话人也是能够实施的，而且实施的可能性很大，我们把这样的"狠话"的语义称为真实语义。如前面语例(40)"(歹徒对抢劫对象说)把钱包给我!不然我捅死你!""我捅死你!"这种事情在现实中是可能发生的,也是歹徒可以实施的,且实施的真实性也很高。例(41)"(警察对歹徒喊)不许动!动就打死你!"警察有正当防卫的权利。如果持刀歹徒无视警告的话,警察完全可以开枪,并且可以击毙歹徒。再如:

(67)(黑帮老大对马仔说)这次要是办砸了,我剁你一只手!(影视资源整理)

"我剁你一只手!"这种事情在黑帮内部是可能发生的,也是黑帮老大可以实施的,且实施的真实性很高。

(68)王擎汉对金海说:要是我死了,你也得死!(电视剧《红色》第48集)

例中,王擎汉是日本筹备新政府的中方代表之一,是汪精卫的亲信,而金海只是个上海的小黑帮头头。如果因为金海的原因让王擎汉丢掉性命,那金海的死期不远了。

(69)栏目军事专家房兵:台海万一开战,美国航母胆敢参战,直接干掉它航母!(CCTV4《海峡两岸》2018年4月20日)

(70)军事专家尹卓:西方的某些大国,包括英国、法国的有些政治人物,不知道自己有几斤几两,在那胡说八道,甚至法国的国防部长说是不是欧洲也到这个地方来巡逻一下,你来试试看,你来试试看,你这个舰艇现在有多大吨位的,你猖狂到这个地步……我们的钢铁拳头就在这里等着,你来试一试?如果你想用武力强加给中国,我们的底线是不打第一枪,但如果你敢动武,我们一定会武力回应,而且教你痛不欲生!(CCTV4《今日关注》2016年7月9日)

（71）军事专家尹卓：美国的航母要是敢在南海动武，我们就让它留在南海，成为一个标志性的地标，永远留在南海别走了。（CCTV4《今日关注》2016年7月9日）

例（69）（70）中，导弹打航母的情况在现代战争中是可能发生的，并且我国已经具备导弹打航母的条件和能力，绝不是虚声恫吓。

（72）薛丹：住手！你们要是继续破坏的话，马上把你们抓回衙门。

混混：你是哪位？再废话的话，我一拳把你打出门口。

薛丹：你要担当得起殴打衙门师爷罪名的话，你就打吧。

还不打？待会儿聂捕头来了，你就没机会了。

混混：嘿嘿……一场误会啊，不耽误你和聂捕头饮酒作乐了。

（电视剧《洗冤录1》第7集）

很显然，小混混是不知道薛丹的身份的。这种情况下，小混混对多管闲事的人出手是有可能发生的，况且只有薛丹一个人站出来，势单力薄，其发生的可能性就更大了。

（73）（吴敬中站长和太太、李涯、余则成在一起商量赎人救翠平的事）

余则成：我自己去交易，不想抓人。

李涯：我们会在交易完成以后动手。

余则成（对李涯大声喊道）：老子不用你管！

吴太太：现在什么也别说了，赎人最要紧！

余则成（盯着李涯，咬着牙说）：我知道有人背后算计我！等着！等我缓下这口气来，我弄死他！（电视剧《潜伏》第28集）

"我弄死他！"余则成这句话是针对李涯说的。这绝不是说大话。余则

63

成是天津站的副站长,深得站长吴敬中的信任,级别比李涯高。他想抓住李涯的一个错处,或者找个什么借口除掉李涯,难度应该不大。这句话对李涯确确实实有极大的震慑力。

我们分析的这几个例子中的"狠话",都具有很高的现实发生的可能性和实施的可能性。这种情况的"狠话"语义真实度很高,因此语力和话语效果也最强。

三、基本真实语义的"狠话"

第二种情况:"狠话"要做的事情是可能发生的,并且说话人也是能够实施的,但是实施的真实性很小。我们把这样的"狠话"的语义称为基本真实语义。如前面语例(49)"(老师对学生说)以后上课再捣乱,我就开除你!"开除学生这种事情在现实生活中是可能发生的,而且老师通过一定的手续也有可能做到。不过,如果该学生上课时再次捣乱,老师开除该生的可能性也是很小的。再如:

(74)(妈妈教训孩子)你再骂人,我就不让你吃饭!

"不让你吃饭!"这种手段妈妈以前可能用过,估计有一定效果,不过这种"饿刑"的刑期一般也就是一天,妈妈绝不会长期执行"饿刑"的。

(75)(李云龙率领部队向李家坡的日军冲锋。魏和尚跑过来拦住李云龙喊道:团长!李云龙大怒,骂道)你他娘的抱我干什么?给我冲上去,放走了敌人我枪毙了你!(电视剧《亮剑》第4集)

"放走了敌人我枪毙了你!"战场上故意放走敌人是要受军法处置的。显然魏和尚并非如此,而是不让李云龙因冲得太前而身陷险境。即便是有意放走敌人(例如关羽华容道放走曹操),还是要看具体情况,而不能简单地"枪毙"。

第四章　汉语话语手段——狠话

（76）（防守陈家峪的独立团二营营长沈泉对战士们说）我可告诉你们：要是有什么情况的话，都得给我拼命！谁要是不拼的话，我就先搞死谁！（电视剧《亮剑》第6集）

"谁要是不拼的话，我就先搞死谁！"二营防守的陈家峪要是真有情况的话，那就直接关系到八路军总部的安全，所以必须人人拼命，独立团的战士们也一定拼命！"我就先搞死谁！"也是一句命令，而不是真的要搞死自己的战士。

（77）白老板（对黑帮头目金海）：我给你三天时间，把那二百包烟土的钱给我凑齐了，给我送到八仙楼，听见了没有？三天之内，我要是见不着你的人影，把你姑表亲带上舅老爷全算上，从你苏北老家杀起，杀光九族，最后再扒了你的皮！（电视剧《红色》第44集）

例中，白老板是上海黑帮老大哥，想去共产党掌握的苏北杀人是难上加难，况且也犯不着，但要在上海杀一个人就像踩死一只蚂蚁一样简单，尤其是像金海这样的小黑帮头目，杀死了也没人会追究，所以，扒了金海的皮可能性还是很大的。

（78）铁林（对黑帮小头目金刚）：好，我上去坐一下，待会儿我下来的时候，如果我看到柳小姐少了一根毫毛，我红烧了你。（电视剧《红色》第43集）

例中，铁林是巡捕，犯法的事情肯定不会做。"我红烧了你。"更是残忍至极，铁林当然也不会做，但是刘小姐要是真的出了事，铁林会让金刚比被红烧还难受。

由于这种情况或者"狠话"涉及的事情是可能发生的，并且说话人也是能够实施的，因此其语义真实度还是比较高的。只是实施的可能性很小，

65

降低了其语义真实度。但是这种情况的"狠话"仍有较强的语力,对前面的"命令/要求"仍然有较大的加强作用。

四、"大话"语义的"狠话"

第三种情况:"狠话"要做的事情是可能发生的,但难以实施,其语义空虚度很大,即使不是假话,最多也只能算是大话。我们把这样的"狠话"的语义称为"大话语义"(空虚度很高的语义)。如前面语例(44)"韩国国防部长宣称:韩国要建特种部队,定点清除朝方首脑!"(2016年9月22日《东方时空》节目)"定点清除朝方首脑!"这是韩国一方宣称要实现的目标。但是,刺杀对方的国家领导人,并且扬言在先,而对方必然严密防守,很难想象韩国怎样实现这一目标。难怪有媒体评论:韩国色厉内荏,对朝鲜的核试验应对无策,才出此狠话恫吓。

(79)展杰(捕快):大叔,有没有见过这个玉佩?

当铺老板:(低着头看都不看)没有。

吴晓飞(捕快):这块玉佩跟凶案有关,他看都不看就说没有,我看他倒挺像凶手,杰少爷,把他抓回去。

当铺老板:啊?两位官爷,千万不要开玩笑啊,我刚才没看清楚,再给我看看,给我看看!

(电视剧《洗冤录2》第3集)

衙门办案,公民理应配合,但如果是因为不配合就判定其与案件有关未免太过草率,但是给他扣一个不痛不痒的罪名以示惩戒还是有可能的。

(80)蔡英文扬言要制订台湾强军计划,对抗大陆解放军。

(CCTV4《海峡两岸》2018年2月11日)

蔡英文要强军,目的显而易见,因为"台军"战力日益下降,"雄三"

导弹误射,汉光军演又战车翻沟,从美国买来阿帕奇直升机三分之一不能动……这样的军队想跟英勇无敌的解放军对抗显然是无稽之谈。

这种情况中的"狠话"虽然有发生的可能性,但是实施的可能性微乎其微。所以这类"狠话"的语义大大贬值,往往被人们理解为大话、吓人话。

五、非真实语义的"狠话"

第四种情况:"狠话"要做的事情是不可能发生的,说话人也不能使之成为真实。我们把这样的"狠话"的语义称为非真实语义。例如:

(81)(妈妈对孩子说)别哭了,再哭大灰狼就来找你了!
(82)(孩子哭闹。爸爸说)别闹了!再闹把你扔到动物园喂老虎!

在日常生活中,大人对小孩经常说"狠话",借以管控孩子。这种现象自古有之。据台湾学者周愚文考证,在宋时教育习俗的记载中,就提到用某种神秘、可怕的东西来吓唬小孩的做法,当时人们称那个形象为"麻胡"(大约相当于今天的"马虎")。例如,"有儿啼,母辄怒之曰:麻胡来!啼声即绝。"用狠话、恐吓的方式管控幼儿的做法已延续千余年,狠话中的东西也从以前的"鬼""麻胡(马虎)"到现在的"大灰狼""狼外婆""大老虎""吸血鬼"等。这类"狠话"意在给儿童一个可怕的东西或境况,对孩子造成心理上的恐惧,以此达到话语目的。这类狠话对于孩子们来说还有较高的真实性。如果一个大学教授对他的研究生说:"你要不好好完成毕业论文,大灰狼就来吃你了!"他的研究生绝对不会把这句话的语义理解为真实语义的。

第四节 "狠话"的话语功能

用奥斯汀的言语行为理论来观察"狠话","狠话"的性质应该是成事行为。但是"狠话"要做的事情却同其他的话语成分有直接的关系。

在本章的第二节里,我们把包含"狠话"的话语结构概括为如下格式:

命令/要求＋假设＋狠话

这个格式中包含"命令/要求""假设""狠话"三个话语成分。这三个话语成分各有自己的话语功能。这些话语功能联系起来,使"狠话"的话语功能更好地发挥出来。

下面我们对"狠话"话语结构中的三个话语成分的话语功能分别进行分析。

一、"命令/要求"部分的话语功能

"狠话"话语结构中的"命令/要求"部分的话语功能是发布指令——命令或要求。这部分对整个话语的功能有统领作用。

发布指令或要求的语言形式基本上都是祈使句,而且基本上都是高强度祈使句。祈使句又有肯定和否定的区别。一般来说,如果说话人要强迫听话人做某事或发出某种行为,一般都使用肯定祈使句。比如,"快去！去晚了我揍你！""快滚！否则打断你的腿！"如果说话人要制止听话人做某事或发出某种行为,一般都使用否定祈使句。比如,"别去！去了就别回来了！""不许动！动就打断你的腿！"

"命令/要求"部分可以单独使用,基本上不影响信息的传递。例如:"快去！""滚蛋！""别去！""不许动！"但是,这样的话语的语力弱了一些,所以需要"狠话"部分增强语力。

二、"假设"部分的话语功能

"狠话"话语结构中"假设"部分的话语功能是堵漏洞。所谓堵漏洞，就是说话人发出"命令/要求"以后，估计听话人可能会有两种选择：执行命令要求；不执行命令要求。如果听话人顺从地执行命令要求，这是说话人所希望的；但是，如果听话人拒不执行命令要求，这时说话人就要堵死这条路："如果不执行的话……"预示着听话人将会遇到严重的后果，一方面有加强话语语力的作用，另一方面传递了"莫谓言之不预也"的信息，显得师出有名。

"假设"部分堵漏洞，基本上都是从反面堵漏。这是因为听话人在接收到"狠话"话语结构时，最常见的态度一般就是两种：执行说话人的命令要求；不执行说话人的命令要求。常见的还有第三种态度——"犹豫"。其实"犹豫"也是没有执行说话人的命令要求。"假设"部分对于"犹豫"的听话人，除了堵漏作用，还有一定的催促作用。

三、"狠话"部分的话语功能

"狠话"话语结构中"狠话"部分的话语功能是对"假设"部分、"命令/要求"部分进行强化，既说明"假设"之后的严重后果，也明确告诉听话人必须执行"命令/要求"。

从本章前面的例子来看，"狠话"部分的位置基本上都在话语结构的尾部。"狠话"的这一结构位置跟"狠话"的话语功能有着密切的关系。"狠话"部分之所以处于话语结构尾部，就是为了保证前面"命令/要求"部分的祈使话语的实现效果和"假设"部分的堵漏效果。另外，"狠话"部分的这一结构位置和"狠话"的结构特点也有密切的关系。根据我们的观察，"狠话"是一种独立性较弱而依附性很强的话语，无论在结构上还是在语义上，"狠话"和其前的"命令/要求"部分、"假设"部分都密切相关。如果没有"命令/要求"部分和"假设"部分,听话人会不知所以。例如:

（83）我扒了你的皮!
（84）你们提头来见!
（85）我剁了你的手!
（86）我打断你的腿!
（87）我杀你全家!

以上话语,如果缺少了语境和假设语义,其话语功能、语义指向显然缺乏独立性。

第五节 小结

"狠话"的话语特征可以归纳如下:

"狠话"经常和祈使性语句、假设性语句结合起来构成一定话语结构,这种话语结构我们称为"狠话"话语结构。"狠话"话语结构的形式为:

命令/要求 + 假设 + 狠话

① 从出现的位置来看,"狠话"一般都出现在话语的尾部。

②"狠话"的话语功能是为了加强出现于前的"命令/要求"部分和"假设"部分的话语功能,并力求达到话语效果最大化。

③"狠话"对上下文或语境的依赖性很强,一般不单独使用。

④"狠话"的语义有真实语义、基本真实语义、大话语义、非真实语义之分,这一点对于"狠话"的理解非常重要。

说话人通过"狠话"表达的严重后果,对听话人产生强烈影响,从而达到特定话语效果,达到一定的语用目的。"狠话"的语用原则是目的性,即为了达到交际目的,可以突破会话原则（合作原则、礼貌原则）的限制。因此,"狠话"具有非常强的语力和心理压力。

【第五章】
汉语话语手段——子矛攻子盾

第五章 汉语话语手段——子矛攻子盾

第一节 "子矛攻子盾"简释

作为合作原则的补充,"礼貌原则"对后来的话语研究影响很大,利奇更是把冲突性语言看作是"在正常环境下,人类语言行为的边缘地带"(marginal to hunran linguistic behaviour in normal circumstances)[①]。所以,不礼貌经常被看作是日常交际行为中很少出现的特殊现象。

针对利奇的"礼貌原则",英国语言学家卡尔佩珀(Jonathan Culpeper)提出了"不礼貌策略",将不礼貌话语分成五类:直截了当、开门见山的不礼貌(Bald on record impoliteness);积极不礼貌(positive impoliteness);消极不礼貌;(negative impoliteness);间接不礼貌(off-record impoliteness),包括讽刺(Sareasnr)和拒绝给予礼貌(withhold impoliteness)。[②]针对五种分类,又提出了五大类策略:直接不礼貌策略、正面不礼貌策略、负面不礼貌策略、讽刺或虚假礼貌策略、礼貌缺失策略。国内对于不礼貌的话语研究近几年也因卡尔佩珀的不礼貌策略而"从幕后走向前台",如毛延生《汉语不礼貌话语的语用研究》,肖婷《用卡尔佩珀的不礼貌模式分析汉语中的不礼貌现象——以电视剧〈金太郎的幸福生活〉为例》,张国、闫赛雪《虚假不礼貌中玩笑式侮辱研究——以〈破产姐妹〉中的会话为例》等,在这些研究中,我们可以看出在日常生活中,不礼貌是很常见的一种话语方式。如:

---

① Leeeh G N. *Principles of Pragmatics* [M]. New York: Longman, 1983.
② Culpeper, Jonathan. *Towards an anatomy of impoliteness* [J]. Journal of Pragmatics, 1996.

（88）你管得着吗？多管闲事！

（89）都告诉你好几遍了，真是的！

（90）他妈的／奶奶的！

（91）请不要评论我的微博，真恶心！

（92）垃圾！

（93）都他妈别吵了，宿舍不是吵架的地方！

网络中的不礼貌用语就更多了。如：

（94）滚吧！

（95）说这话的人是脑残吧！

（96）人渣请不要评论我，狗带！

但即便如此，对汉语口语不礼貌话语的研究仍然很少，目前研究主要是不礼貌话语的本质或者对电视剧中的不礼貌话语进行分析和研究，对于如何应对不礼貌话语少之又少，从话语手段层面研究不礼貌话语暂时还未发现。

"以子之矛攻子之盾"源于"自相矛盾"这一短语的寓言典故。"楚人有鬻盾与矛者，誉之曰：'吾盾之坚，物莫能陷也。'又誉其矛曰：'吾矛之利，于物无不陷也。'或曰：'以子之矛陷子之盾何如？'其人弗能应也。夫不可陷之盾与无不陷之矛，不可同世而立。"[①]后来"矛盾"连举，比喻言语或行为自相抵触的现象。

人们在进行交际时，听话人往往会面对说话人的嘲讽、刁难、否定或诘问等不礼貌话语。如果把握不好分寸，一味地拒绝或以其人之道还治其人之身，用恶劣语言还击，不但起不到还击的目的，还会破坏交际的效果。最好的方法莫过于将对方投来的矛巧妙地挡回去，让其自食其果，达到"以子之矛攻子之盾"的效果，这种语言手段我们简称为"子矛攻子盾"。我们先来

---

① 见于《韩非子·难一》。

看一个例子：

（97）司徒雷登：蒋夫人去华盛顿也有些日子了，我很想知道收效如何呢？

蒋介石：夫人上一次来电告诉过我，她和美国国务卿马歇尔先生交谈甚欢。国务卿马歇尔始终是她最信赖的朋友。他也承诺给夫人，在对华援助的问题上，他可以尽最大努力。

司徒雷登：我知道马歇尔，你的老朋友，天哪，马歇尔动了手术，这么快就出院了？这可是刚做了手术啊！杜鲁门总统一直很忙，好像也没有邀请蒋夫人去白宫做演讲，蒋夫人甚至没有受到红毯待遇。

蒋介石：大使先生，我们的消息来源渠道不同，但是我不知道，这样的一个结果，是不是你所希望的？

司徒雷登：首先，这次访问，蒋夫人不按国际惯例，选择绕过我这个驻华大使，直接与国务卿联络，我现在就是想从中帮忙，但说实话，我也无从下手啊。

蒋介石：讲到国际惯例，大使先生你是不是也违反了，你绕过了中华民国的总统，而直接和副总统进行了密切的交往，我讲的没错吧？

司徒雷登：我明白。总统先生，是不是对我们有什么误会。

蒋介石：司徒雷登先生，你自认为很了解中国，但是我认为你不了解中国，你更不可能了解共产党。我相信夫人这次访美，会让杜鲁门总统转变对华的态度。我相信这一点。

司徒雷登：我祝你们好运。

（电视剧《大决战》第42集）

根据语境，我们可以推出，电视剧中司徒雷登对于蒋介石的夫人绕过自己直接会见美国国务卿马歇尔是很不高兴的，所以司徒雷登以国际惯例为引子,既表达了自己的不满和责怪,又有些落井下石的意味。当然,蒋介石并没有惯着他,同样以司徒雷登所说的国际惯例为引子,表达了对司徒雷登的不满和嘲讽。

通过类比,将说话者引入进退两难的境地,话语的主动权巧妙地转到了自己的手里。这种利用说话者的话语方式反过来对付说话者,将说话者投来的矛巧妙地挡回去的话语手段,我们称之为"子矛攻子盾"。

第二节 "子矛攻子盾"话语手段的类型

"子矛攻子盾"话语手段的使用一般都具有被动性,且听话者在困境中保持一种礼貌的姿态。所以,在言语交际中,"子矛攻子盾"话语手段体现了言语交际的礼貌原则,违背了言语交际的合作原则。因话语的交际功能还要受到会话场景和言语表达两方面的制约,所以要把语境和话语语义结合起来考虑,才能更好地评价整个对话是否恰当地反映了听话人的立场、态度和动机,是否与听话者建立并维持适宜的交际关系。所以,在语境的大背景下,根据话语交际功能所反映出的听话人选择话语方式的不同,我们将"子矛攻子盾"话语手段分为:类比式、语义转移式、欲擒故纵式、避实就虚式、讥讽式、结构仿照式、隐喻式等。

一、类比式

在话语交际中,面对说话人的诘问、嘲讽或者玩笑时,受话人不是用恶毒的言辞还击,而是用与说话人同样思维或类型的句式进行"有礼貌"的回复。即将说话者投来的矛巧妙地还给说话者,让其自食其果。请看下例:

(98)耿爽:你是在关心赵立坚的观点是否代表中国政府的观点,我想你更应该先去问一问,最近一段时间来,美国个别的政

府高官攻击抹黑中国的言论，是不是代表美国政府的观点？（《新京报》知道视频 2020 年 3 月 16 日）

外交部发言人赵立坚连发推特怒怼美方，并且根据美国 CDC 承认部分死于流感的人可能实际上死于新冠肺炎，提出质疑：中国的病毒有可能是从美国传入的。他认为美方欠中国一个解释。针对这个情况，外国记者问及"赵立坚的观点是否代表中国政府的观点？"根据语境，外交部例行记者会是发布中国重要外交活动信息、阐述中国对外政策工作的一个重要媒介，外交部发言人的每一句话都代表着国家的观点和立场。对于此问题，不回答是不礼貌的，直接回答会让自己陷入被动的局面。

耿爽一下就看穿了对方的伎俩，引出美国政府高官攻击抹黑中国的言论。这个推理的逻辑结构可归纳为：

1. 如果美国政府高官攻击抹黑中国的言论代表美国的观点［充分条件（P）］。

2. 那么赵立坚的观点就代表中国政府的观点（P）。

你无法回答"美国个别的政府高官攻击抹黑中国的言论是否代表美国的观点"这个问题［非必要条件（非 Q）］。

3. 那么，我也可以不用回答"赵立坚的观点是否代表中国政府的观点"这个问题（非 Q）。

通过类比，将不怀好意的记者引入进退两难的境地，话语的主动权巧妙地转到了自己的手里。

日常生活中，我们也会看到一些例子，如下面的一段话语交际：

（99）（背景：甲为从国外回国人员，去西餐厅吃饭；乙为西餐厅服务员。）

甲：我很久没说中文了，况且，在西餐厅不就应该说英文吗？

乙：小姐，要按你这么说的话，食肠粉就要讲广东话（用广东方言讲），沙县小吃就要讲福建话（用福建方言讲），吃牛肉丸就要讲潮汕话（用潮汕方言讲），吃火锅就要说重庆话吗（用重庆方言讲）？吃饺子就得说东北话呗（用东北方言讲）。（抖音视频@思明快报2020年3月17日）

上面这个案例，不仅让我们捧腹大笑，更加佩服服务员的机智，尤其是分别用普通话和五种方言回答，真是巧妙幽默。

二、语义转移式

在话语交际中，针对说话人的嘲讽或者玩笑时，受话人不是直接针锋相对还击，而是抓住话语中的关键词进行语义联想和语义转移，进而将语境转移至另外一个语境，能使双方在友好的交谈中感到默契，起到幽默的效果。

（100）小王：明子，明天跟我去趟增城吧？

明子：我这次说什么也不会去了，上次和你一起去喝酒吐了八次。

小王：这次绝对不会出现这种事情了，别人敬你的酒我全给你顶着。

丽丽：明子，别相信他，小王可靠不住。

小王：丽丽，这是什么话，来（走到丽丽身边），我让你靠一下，绝对靠得住。

丽丽：（使劲推开小王）讨厌。

小王、明子：哈哈哈……

上例中，根据语境，我们可以推出，在上述对话过程中，丽丽所说的"靠不住"是指小王不可靠，不可信，"靠"的语义是信任。面对丽丽的质疑，小王并没有直接还击或质问，而是将"靠"的语义转移为"依靠"，即用身体的优势展现自己是靠得住的,从一个语义范围转移至另一个语义范围。最后三方会心一笑,使谈话幽默、风趣。

三、欲擒故纵式

在话语交际中,面对说话人的不合理要求,受话人接着说话人的思维,将不合常理的话语语义进行延伸,看似故意让人抓住把柄,然后反其意而用之,揭示其话中语义、言外之意,犹如巧设埋伏,欲擒故纵,出奇制胜,取得很好的效果。古人云:"将欲取之,必先予之。"就是此意。例如:

(101)雨天,一位妇女牵着一条脚上沾满污泥的狗上了公共汽车。坐下后对售票员说:"喂,如果我给这条狗买一张票的话,它是否也能和其他乘客一样,有个座位?"售票员说:"当然行。不过它也必须和其他乘客一样,不要把脚放在椅子上!"(《视野》2007年第20期《幽默与漫画》)

例中,我们通过乘客的打招呼用语"喂"可以推出,这位妇女是一个趾高气扬、不知道尊重别人的乘客,而其"牵着一条脚上沾满污泥的狗"还要求给狗买票占座,可以推出这位妇女是一个不懂得社会文明的乘客。遇到这样乘客的不合常理要求,如果针锋相对,势必会引起一番争论。而乘务员并没有直接否定乘客的疑问和请求,而是利用乘客的逻辑推理反弹,"当然行。不过它也必须和其他乘客一样,不要把脚放在椅子上!"其言外之意是:"既然你想让狗和人同等对待,那你就按照对人的标准要求你的狗吧。"既防止了进一步的骚扰,又风趣幽默。

四、避实就虚式

在话语交际中,面对说话人十分刁难的问题,如果顺着说话人的思维,势必会陷入对方圈套而难以自拔，不免尴尬。最好的方法是避开对方的矛头，虚晃一枪，用对方入题的方式解题，让对方的矛头失去目标，反而陷入被动的境地。例如：

（102）1982年秋，几位中国作家访美，一次宴会上，有个美国诗人请作家蒋子龙解谜："把一只五斤重的鸡装进一个只能装一斤水的瓶子里，您用什么方法把它拿出来？"蒋子龙面对这个不合情理的"歪"问题，略思片刻，回答说："您怎样放进去，我就怎样拿出来。"他以歪对歪、歪问歪答。这位美国诗人高兴地说："您是第一个猜中这个谜语的人。"（李途《一句话的力量》）

例中，美国诗人"把一只五斤重的鸡装进一个只能装一斤水的瓶子里"本身是一个伪命题，蒋子龙没有直接回答问题，而是避其锋芒，用说话者出题的方式解题"您怎样放进去，我就怎样拿出来"。让对方陷入被动境地。这个推理的逻辑结构可以归纳为：

①承认可以将五斤重的鸡装进一个只能装一斤水的瓶子里。

②可以有将五斤重的鸡装进一个只能装一斤水的瓶子里的方法，这个方法有效（P）。

③那么，用这个方法可以将五斤重的鸡从只能装一斤水的瓶子里拿出来，同样有效（Q）。

五、讥讽式

在话语交际中，面对说话人的指责或讽刺，受话人直接指出说话者观点的自相矛盾或者进一步在作风、人品等方面讽刺对方，这不仅驳斥了对方观点的荒谬，更是使说话者的其他方面遭到质疑。"子矛攻子盾"话语手段本身就具有讽刺意味，讥讽式"子矛攻子盾"话语手段讽刺意味更浓，更直接，这种深层次的讥讽力量更加有力和有效。

六、结构仿照式

言语交际中,说话人刁难受话人,或者对受话人进行讥讽或恐吓,或表达某种负面情感态度,而受话人并没有直接回答,而是仿照说话人的话语结构,表达相反的或违背说话者意图的话语语义,以此做出反应和反击,有时会表达出一种风趣诙谐的意味,这即是"结构仿照式"。如:

(103)乾隆皇帝对刘罗锅子(刘墉)怎么看也不顺眼,但又总是不想让罗锅子离开他,时不时地还动个小心眼戏弄一下罗锅子。

这天,乾隆皇帝一边让太监磨墨,一边写字,恰巧刘墉在此。于是又一个主意生出:"刘爱卿啊!朕毕生酷爱书法,虽然文房四宝俱全,但总找不出一块称心如意的砚台,听说你的老家山东出好砚台,能否辛苦一趟为朕买一块?"

"看皇上说的,为君辛苦乃是臣的幸福,怎么能说'辛苦'二字呢?只是不知皇上要的是什么砚,请皇上明示。"刘墉恭敬地说。

"一般的砚台宫中应有尽有了。朕需要的当然不是一般的砚了。"乾隆起身来到罗锅面前,两眼紧紧盯着罗锅子。

"不是一般的砚,怎么个不一般?还是请皇上明示。"刘墉道。

"朕要的砚台嘛,玉的不要,石头的不要;金的不要,银的不要;方的不要,圆的不要;大的不要,小的不要;厚的不要,薄的不要;有棱的不要,平面的不要;无色的不要,有色的也不要……罗锅子,你说朕要的是什么砚台啊?"乾隆把最后的"啊"字拖得很长。

这下刘墉明白了,皇上根本不是要什么砚台,而是又出招儿来要臣了,于是不慌不忙地应道:"皇上所说的砚台嘛,我们老家山东遍地都是,至于什么时候回山东嘛,今年不回,明年不回;这月不回,那月不回;今日不回,明日不回;此时不回,彼时不回;这一刻不回,那一刻也不回。到了该去的时候嘛,我保证回山东为皇上买砚,就请皇上耐心地等待吧!"

(刘墉故事《为君买砚》)

例中,根据语境,皇上口中所说的"朕要的砚台嘛,玉的不要,石头的不要;金的不要,银的不要;方的不要,圆的不要;大的不要,小的不要;厚的不要,薄的不要;有棱的不要,平面的不要;无色的不要,有色的也不要……罗锅子,你说朕要的是什么砚台啊?"我们可以推出,此问题并无答案,而且皇上并不是真的要砚台,而是在戏谑刘墉。面对皇上的刁难之语,刘墉既没有继续询问问题实质所在,也没有推脱,而是仿照皇上的话语结构进行回答,既巧解刁难,又表达一种风趣诙谐的意味。再如:

(104)魔童:你有没有怀疑过我?
　　 蓝爵:如果有一天,你让我知道你出卖我,你想我怎么做?
　　 魔童:如果有一天,你让我抓到你是叛徒,你想我怎么做?
　　 蓝爵:别说了。(电影《使徒行者》)

例中,魔童和蓝爵是犯罪集团两名重臣,其中一个是警察卧底。但两人是出生入死的兄弟,情谊坚不可摧。话语双方用同样的话语结构反问对方,其语义效果既显示出不愿看到结果的出现,又显示出兄弟情深。

(105)(铁林要带走柳如丝,金海非常生气。)
　　 金海:她(柳如丝)哪能做你的老婆啊?
　　 铁林:这件事已经定了,再往后她就是我的人了。
　　 金海:哪里有自己的兄弟拆自己哥哥的台的?柳如丝是仙乐斯的人啊!

铁林：正好今天我还有一件事情想要问清楚，那一天，在大三元，其实是你想杀我，对吗？

金海：事情已经过去了。

铁林：我现在问这些，没别的意思，而是我想知道真相而已。

金海：又是那个徐天跟你说的？

铁林：对。

金海：他怎么总是在背后说我的坏话？

铁林：他的重点并不是想说你的坏话，只是想提醒我要小心你一点。

金海：我们是兄弟！他说这些话啥意思啊？

铁林：哪有做哥哥的要杀掉自己弟弟的？（电视剧《红色》第43集）

例中，金海是青帮老大，老奸巨猾；铁林是警察，重情重义。两人是拜把子兄弟，但矛盾越来越大。金海的这句"哪里有自己的兄弟拆自己哥哥的台的？"直击铁林兄弟情义，如回答不好，会将自己陷入理亏境地。而铁林并没有直接回应金海的问题，而是话锋一转，通过另外一件事，发出"哪有做哥哥的要杀掉自己弟弟的？"疑问，仿照金海的话语结构回击金海，直接将问题的关键处踢回给了金海，让金海理亏，顺利脱险。

七、隐喻式

在现实交际中，人们出于种种原因，并不都严格地遵守合作原则及其相关准则。为了达到特定的目标，说话人和听话人之间存在着一种默契，交际话语超越话语的字面意义，双方设法领悟对方所说话语的隐含意义。有些隐喻所表达的意义不严格地受语境限制。从合作原则来看，隐喻式"子矛攻子盾"话语手段是违反质的准则所产生的会话含义。

（106）陈查理：卓老，你好像很有把握？
　　　　卓非凡：你还年轻，有的是时间，输得起。
　　　　陈查理：我提醒你呀，我有赌未必输。
　　　　卓非凡：我也提醒你，别学人家推前浪，小心水性不
　　　　　　　　好，让前浪给淹死。（电影《群龙夺宝》）

例中，神探陈查理和神偷卓非凡，一个是要保护《可兰经》，一个要偷盗《可兰经》；一个是神探，一个是神偷且在江湖上有一定地位。在此背景下，如果双方直抒其意，用警察对盗贼的语气沟通，不免会让人耻笑。通过上述对话，我们可以推出，双方存在着一种默契，将真实意图隐去，字面意义看似风平浪静，其言外之意可谓针尖对麦芒。陈查理"我提醒你呀，我有赌未必输"。其意义可推为："卓非凡你小心点，我一定会抓到你这只老狐狸的。"卓非凡"我也提醒你，别学人家推前浪，小心水性不好，让前浪给淹死"。可推为："陈查理你别得意，小心自己都不知道怎么死的。"

第三节　"子矛攻子盾"话语手段的特点

通过上面例子，我们可以分析出，子矛攻子盾这种话语手段有以下几个特点：

首先，子矛攻子盾这种话语手段具有被动性和调节性，也就是说，子矛攻子盾这种手段并非受话人主动使用，而是通过外界刺激（主要是发话人的言语刺激）所引发的。同时，子矛攻子盾话语手段可以根据话语信息与外界语境联系起来进行调节，或语义调节，或语义联想，或情景联系，或转换概念，或类比推理。例如下面这个例子：

（107）某公司招聘秘书。主考官有意于一位应试人，便提出

许多问题进行考核。在满意之余，主考官开了个小小的玩笑："本公司的招聘启事你已经通读多遍，想必已是烂熟了，请问：这个启事共有多少字？"应试人不知主考人的用意，这个满身才气满脑智慧的大学生被翻来覆去的提问早已搞得不厌其烦，听到这个歪题就毫不客气地回答说："各位老师，你们的名字你们每天都要写上若干次，想必更是烂熟了的，请问：您的名字共有多少笔画呢？"考官们惊诧之余更赏识应试人的机敏，随即聘用了她。（徐瑾《以子之矛攻子之盾——谈反驳论证中的比喻推理》）

这位应试人抓住了"烂熟了的事物未必能方方面面都熟识"的道理，用类比的方法将姓名的笔画数与启事的字数相比，以子之矛攻子之盾，巧妙地应对了诘难，为自己赢得了好的工作机会。

其次，受话人在运用子矛攻子盾话语手段的时候，通过实施另一种言语行为来间接地实施某一种言语行为。也就是说，在交际中受话人并不是直截了当地说出自己的意图，而是换一种说法拐弯抹角地表达自己的真实意思，即塞尔所提出的间接言语行为。受话人在收到听话人的刁难，运用话语手段的时候，主要考虑的因素是礼貌和言外之意得到实现。

（108）1943年，周恩来率中共代表团由重庆返回延安，途经西安，国民党西安最高军事首领第八战区副司令胡宗南为周恩来洗尘。胡宗南吩咐黄埔六期以上三十余名将官偕夫人出席酒会，把周恩来灌醉。

…………

酒会由胡宗南的政治部主任王超凡主持，王在祝酒词的结尾说："在座的黄埔同志先敬周先生三杯酒，欢迎周先生的光临，请周先生和我们一起，为领导全国抗战的蒋委员长的身体健康，先干头一杯。"

周恩来举起酒杯，微笑着说：

85

"王主任提到了全国抗战，我很欣赏。全国抗战的基础是国共两党的合作。为了表示国共合作抗日的诚意，我作为中国共产党党员，愿意为蒋委员长的健康干杯；各位都是国民党员，也请各位为毛泽东主席的健康干杯！"

胡宗南闻听此言愣住了，王超凡和其他作陪者也都不知所措。周恩来举目四顾，继续微笑着说："看来各位有为难之处，我不强人所难，这杯酒就免了吧！"

（中国共产党新闻网，中国领导干部资料库《周恩来与酒》）

上例中，在得知胡宗南目的的语境前提下，周恩来对于酒会是有准备的。根据话语交际礼貌性原则，拒绝王超凡"为领导全国抗战的蒋委员长的身体健康，先干头一杯"的提议是违反礼貌原则的，但对于共产党员身份的周恩来来说，在这个语境下为蒋委员长举杯显然不合时宜，所以周总理运用欲擒故纵的方式，先是肯定王超凡的提议"王主任提到了全国抗战，我很欣赏。……为了表示国共合作抗日的诚意，我作为中国共产党党员，愿意为蒋委员长的健康干杯"，继而峰回路转，从全国抗战国共合作入手，"为了表示国共合作抗日的诚意……各位都是国民党员，也请各位为毛泽东主席的健康干杯！"杀他个回马枪，置对方于尴尬之地，有效化解矛盾。当然，这更与周总理深邃的智慧、高超的话语艺术及不平凡的经历是分不开的。

再次，子矛攻子盾话语手段是一种语境制约性言语行为，受话人在运用此种话语手段时，往往会受到语境或文化规约的制约，我们根据语境和语义就可以推断出话语的言外之意。

（109）李鸿章在办洋务时，与英国驻华大使朱尔典来往较多。一次，两人在谈完公务之余，闲聊起来。

朱尔典指着李鸿章脑后的辫子问："中堂阁下脑后长的辫子是起什么作用的？在英文中，辫子和猪尾巴是同一个词。"

李鸿章看了看朱尔典，用手指着他胸前系着的领带说："大使

先生系的领带是干什么用的？我们汉语中领带和狗套是同一个意思。"朱尔典无言以对。（《公务员实用口才技巧》）

例中，根据语境我们可以推出，面对朱尔典的诘难，李鸿章如果直接开口大骂是很不礼貌和不合规矩的，因为受到身份和国家关系的制约。

最后，子矛攻子盾话语手段的话语语义具有防御性和反击性语义特点。在接收到外界话语攻击时，按照常理，人的第一反应一般是反击和据理力争，但由于客观语境的制约，受话者不能直抒其意，首先做的是防御，不要有进一步的诘难，进而反击，以子之矛攻子之盾，让说话者陷入困境。

（110）李敖以敢说、敢写而闻名，笔无禁忌，口无遮拦，自然也树敌不少。一次，李敖演讲完后进入例行的"答听众问"程序。在逐一回答听众提问时，突然看到递上来的纸条中有一张上面赫然写着"王八蛋"三字，再无其他。面对这样一张公然挑衅的字条，按下不表相当于临阵脱逃，不是李敖作风；当众回骂，又有损身份。李敖不慌不忙地举起纸条，将纸条内容如实告诉在场的听众，然后面带微笑地说："别人都问了问题，没有签名，而这位听众只签了名，忘了问问题。"现场响起一片笑声和掌声。

（李敖《我的口才比我的文章更动人》）

例中，根据语境我们可以推出，李敖首先要做的是化解危机，摆脱尴尬，即防御。李敖将话语对象"问题"与"签名"置换，即转被动为主动，目的是责备对方的不礼貌，其对于子矛攻子盾话语手段的运用可谓妙哉。

第四节 小结

子矛攻子盾是一种智慧度很高的话语手段。使用对方提供的武器火力（话语材料），还要在很短的时间内做出反应，并且给对方几乎是致命的一击,可见这种话语手段的难度之高。

　　子矛攻子盾这种话语手段形成的话语有很强的反击力,可以使被攻击者哑口无言,十分尴尬,所以在使用上应该注意。一般来说,子矛攻子盾这种话语手段针对的大多都是恶意挑衅、蓄意制造不快之人。如果是善意的玩笑,或者同行斗智,则不必如临大敌,剑拔弩张,否则就有点"过度"了。

【第六章】
汉语话语手段——拍马

第一节 "拍马"简释

什么是"拍马"？我们应该如何从言语行为和话语手段的角度理解并定义"拍马"呢？

在日常生活中，我们经常会听到此类话语：

（111）（大街上，甲、乙两人见面）

甲：您气色好啊，满面红光。今年五十了吧？

乙：五十？我都快七十啦！

甲：嚄！照您这身体，长命百岁绝对没问题！（日常话语整理）

上例中，说话人对听话人的身体状况进行夸赞。

（112）（局长书法题字完毕，下属评价。某科长说）李处长，您的字写得太好了，就是王羲之再世，也不过如此嘛。（日常话语整理）

上例中，说话人对听话人的书法进行赞扬。

（113）（超市中，服务小姐对试衣的顾客说）太太，这件衣服像是为您量身定做的，穿上它您年轻了二十岁！（日常话语整理）

上例中，说话人对听话人的身段、气质进行夸赞。

（114）（老部长送孙子上学，原部下看到了，说）老部长，这是您的孙子吧？瞧瞧，长得多气派！长大肯定当大官！（日常话语整理）

上例中，说话人对听话人的孩子进行夸赞。

在上述诸例中，虽然语境各异，说话人、听话人各不相同，说出的话语也不一样，但还是有其共同之处的：

第一，在上述诸例中，说话人对听话人说出的都是赞扬或夸赞的话——好听的话。

第二，说话人说出的赞扬或夸赞的话都有夸大过头的成分。

第三，说话人和听话人之间有一定的权势关系。一般来说，说话人往往处于低权势地位。

第四，说话人对听话人说话的目的一般都是取悦听话人，以达到一定的目的。

综合上述四点，我们可以对拍马和拍马话语归纳、定义如下：

在语言交际中，由于说话人处于较低的权势地位，为了达到一定的交际目的，说话人对听话人进行夸大、过分的赞扬和夸赞，这样的话语叫作拍马话语。这种言语行为就是拍马。

"拍马"属于汉语本土化命名，是"拍马屁"节略而来，自古有之。如晚清时期韩邦庆《海上花列传》第十回："还有朋友哚拍马屁鬼讨好，连忙搭俚买好仔家生送得去铺房间。"此外，张春帆《九尾龟》、李宝嘉《官场现形记》、坑余生《续济公传》中都有关于"拍马屁"的用例。"拍马"与利奇礼貌原则中的"赞誉准则"是有着本质的区别的。"拍马"是对听话人进行夸大、过分的赞扬和夸赞，有言过其实的语义，是贬义词；而赞誉指赞美称扬，是褒义词，二者应用范围不同。

在目前的研究中，多数是将拍马作为一种说话艺术，抑或是点明拍马的害处，而在话语语言学领域内，将拍马作为一种话语手段和话语现象，并且对其进行系统性的研究，尚不多见。本文试就"拍马"论析之，以就教于方家。

第二节 与"拍马"有关的话语因素

治国有术，盗亦有术，拍马亦有术。善拍马者，或让被拍者如坐春风，如在梦中，自然如愿而归；或溜须舐痔，甘为犬马，而被视为心腹之臣，得握重权；有的直言吹捧，露骨而肉麻；有的曲径通幽，技高而言妙；有的欲擒故纵，意褒先贬；有的憨态可掬，状如傻瓜，实则大智若愚，拍马高手！拍马之术，多了去了。

我们首先对影响拍马言语行为的因素略作分析。

在话语交际中，一般情况下，拍马手段的实施涉及以下五个方面：

①语境，即交际的时间、场合、话题、话语对象的状况（如态度、情绪）等因素。

②话语地位。拍马者和被拍者之间一般有权势上的上下位关系。拍马者一般有求于被拍者。

③话语目的或结果。拍马者要达到的目的或预期的结果及其合理度。

④拍马话语的"拍点"，即针对听话人的哪个或哪些方面实施拍马。

⑤话语方式，即选择最合适、最有效的方式实施拍马。

要想成功地实施一次拍马行为，上述五个方面都要考虑到。这样，随着语境（特别是话语对象）的不同、话语目的的不同、拍马者话语的拍点和话语方式也会随之变化，形成各种不同的拍马行为。

第三节 "拍马"的类型

我们主要根据拍马话语和话语方式的不同，将拍马粗分为如下类型：直拍式、侧拍式、对比式、暗示式、反拍式。分述如下。

一、直拍式

所谓"直拍式",是说在话语交际中,说话人直接把听话人某个或某些方面的因素作为拍点直接夸赞。这类拍马的话语与事实明显不符,取悦听话人的目的一览无余。

我们先来看一个大家熟悉的古代的例子:

(115)邹忌修八尺有余,而形貌昳丽。朝服衣冠,窥镜,谓其妻曰:"我孰与城北徐公美?"其妻曰:"君美甚,徐公何能及君也?"城北徐公,齐国之美丽者也。忌不自信,而复问其妾曰:"吾孰与徐公美?"妾曰:"徐公何能及君也?"旦日,客从外来,与坐谈,问之客曰:"吾与徐公孰美?"客曰:"徐公不若君之美也。"

(刘向《战国策·齐策一》)

上例中,说话人(邹忌的妻、妾、客)对邹忌的形貌直接夸赞。说话人之所以要采取直拍式进行拍马,主要原因是由于当时的语境(私人家中)和交际的方式(当面问答)。至于拍马的原因,被拍者邹忌已经为我们解答了:"吾妻之美我者,私我也;妾之美我者,畏我也;客之美我者,欲有求于我也。"

我们再来看另一个直拍的例子:

(116)康熙问兵部尚书明珠:"明珠,此事(按:指三藩撤藩之事)是兵部该管,你以为如何?"

明珠道:"圣上天纵聪明,高瞻远瞩,见事比臣子们高上百倍。奴才想来想去,撤藩有撤的好处,不撤也有不撤的好处,心中好生委决不下,接连几天睡不着觉。后来忽然想到一件事,登时放心,昨晚就睡得着了。原来奴才心想,皇上思虑周详,算无遗策,满朝奴才们所想到的事情，早已一一都在皇上的预料中。奴才们想到的计策，再高也高不过皇上的指点。奴才只需听皇上的吩咐办事，皇上怎么说，奴才们就死心塌地、勇往直前地去办，最后定然大吉大利，万事如意。"

韦小宝一听，佩服之极，暗想："满朝文武，做官的本事谁也及不上这个家伙。此人马屁功夫十分到家，老子得拜他为师才是。这家伙日后飞黄腾达，功名富贵不可限量。"

康熙微微一笑，说道："我是叫你想主意，可不是来听你说歌功颂德的言语。"

明珠磕头道："圣上明鉴：奴才这不是歌功颂德，的的确确是实情。自从兵部得知三藩有不稳的信息，奴才日夜担心，思索如何应付，万一要用兵，又如何调兵遣将，方有必胜之道，总是要让主子不操半点心才是。可是想来想去，实在主子太圣明，而奴才们太脓包，我们苦思焦虑而得的方策，万万不及皇上随随便便地出个主意。圣天子是天上紫微星下凡，自然不是奴才这种凡夫俗子能及得上的。因此奴才们心想，只要皇上吩咐下来，就必定是好的。就算奴才们一时不明白，只要用心干去，到后来终究会恍然大悟的。"

众大臣听了，心中都暗暗骂他无耻，当众谄谀，无所不用其极，但也只得随声附和。（金庸《鹿鼎记》第101章）

上例中，兵部尚书明珠不知康熙对撤藩的决策，不敢贸然回答"撤"或者"不撤"，万一回答违背圣意，今后的仕途就艰难多了。俗话说："千穿万穿，马屁不穿。"明珠这时就用上了这屡试不爽的拍马之招，对康熙的领导和决策能力大拍马屁，连"马屁大王"韦小宝也佩服之极："此人马屁功夫十分到家，老子得拜他为师才是。"虽然明珠的拍马没有蒙住康熙，但是让自己躲过了"胡言乱政"一劫。

直拍式拍马话语直白，话语目的明显，但手法显得幼稚、简单。不过由于拍马手法的"千穿万穿，马屁不穿"，所以直拍式话语还是可以收到相应的话语效果的。

二、侧拍式

所谓"侧拍式"，是说在话语交际中，说话人并不针对听话人的正式身份及其主要因素奉承，而是对听话者侧面的或相关的因素进行奉承，目的仍是取悦听话人，进而实现话语意图。是为侧拍。

我们先来看一个例子：

（117）炒粉：长官，别耍我们了。

警察：谁耍你们，我在执行任务。

炒粉：不是这个意思，我们……其实很佩服你们当警察人员的。

细兜：是啊，我小时候的志愿就是要做一个好警察。

警察：是吗？

炒粉：是呀，尤其像这种穿制服的，穿上制服多英勇，有型有款，为民除害，伸张正义。

细兜：对，说起来，长官……很少有警察穿起制服像你这么帅的，你看多合身。

炒粉：帅过那个谁，刘德华呀。

细兜：不说不觉得哇，比刘德华还帅，你看这袖口多棒。

警察：你们说完没有？说到哪儿去了？不过蛮中听，别让我再碰上你们。（电影《大无畏》）

警察是社会秩序和治安的维持者，也是法律法规的执行者。所以，夸赞警察的话语应该是"恪守职责，公正执法，为人民服务"。上例中的炒粉和细兜是两个小贩,在警察的扫黄行动中遭遇警察。为了脱身,情急之下,出口就是拍马之辞,先是说自己"小时候的志愿就是要做一个好警察",继而说警察"穿上制服多英勇,有型有款""比刘德华还帅",虽然没有正面直拍对方是"好警察",但侧拍对方的职业、风度、形象仍然试而不爽,遂得以放行而脱身。

再来看下面这个侧拍例子:

（118）杨知春（地委宣传部副部长）和于建阳（地委招待所总经理）等几位已经陪同崔力坐在包厢里了。"对不起,让你们久等了。"朱怀镜伸出手来。

大伙儿全都站了起来,笑眯眯地望着他。杨知春一边说着朱书记太忙了,一边将朱怀镜伸过来的手引向一位戴眼镜的中年男子,介绍说:"这位是崔记者。"

"你好你好,辛苦了,崔记者。"朱怀镜同崔力握了手,示意大家就座……

"朱书记是个才子,你的文名很大。"崔力奉承道。

"哪里啊,写文章是你们记者的事,我不会写文章。"朱怀镜说。

崔力又说:"朱书记太谦虚了。我们记者是写小文章的,像朱书记当年那种大块头文章,我是一个字也写不出。"

朱怀镜微微一笑,不说什么了。心想这些舞文弄墨的人,眼睛里只有文章,总喜欢以文章高下论英雄。却不知道官员们并不把写文章当回事的,你夸他们写得一手好文章,等于说他是个好秘书。

（王跃文《梅次故事》）

上例中的朱怀镜是新任梅次地委副书记（分管干部组织工作）,崔力是梅次地委宣传部请来采访当地投资环境的记者。作为地委的主要领导,朱怀镜在意的是自己的品德、威信、能力和政绩政声,对崔力的拍马奉承其实是不以为然的。崔力把记者圈里的标准用到朱怀镜身上，奉承朱怀镜"是个才子""文名很大"，写出过"大块头文章"，并没收到预期的效果，应该说是一次不成功的拍马。

三、对比式

对比式是指在话语交际中，说话人采取对比的方法，一贬一扬，贬低一方而抬高另一方。例如：

（119）（宋）玉曰："天下之佳人莫若楚国，楚国之丽者莫若臣里，臣里之美者莫若臣东家之子。东家之子，增之一分则太长，减之一分则太短；著粉则太白，施朱则太赤；眉如翠羽，肌如白雪；腰如束素，齿如含贝；嫣然一笑，惑阳城，迷下蔡。然此女登墙窥臣三年，至今未许也。"

"登徒子则不然。其妻蓬头挛耳，齞（yàn）唇历齿，旁行踽偻，又疥且痔。登徒子悦之，使有五子。王孰察之，谁为好色者矣？"（宋玉《登徒子好色赋》）

一扬一贬，对比鲜明，只不过宋玉褒扬的是自己，贬低的是登徒子——十足的自吹自擂！

再看下面这个对比拍的例子：

（120）阿紫又道："弟子又想，我星宿派武功之强，天下任何门派皆所不及，只是师父大人大量，不屑亲劳玉步，到中原来教训教训这些井底之蛙。可是中原武林之中，便有不少人妄自尊大，明知师父不会来向他们计较，便吹起大气来，大家互相标榜，这个居然说什么是当世高人，那个又说什么是武学名家。可是嘴头上尽管说得震天价响，却谁也不敢到我星宿派来向师父领教几招。天下武学之士，人人都知道师父武功深不可测，可是说来说去，也只是'深不可测'四字，到底如何深法，却谁也说不出个所以然来。这么一来，于是姑苏慕容的名头就大了，河南少林寺自称是武林泰山北斗了，甚至什么聋哑先生，什么大理段氏，都俨然成了了不起的人物。师父，你说好笑不好笑？"

她声音清脆，娓娓道来，句句打入了丁春秋的心坎，实比众弟子一味大声称颂，听来受用得多。丁春秋脸上的笑容越来越开朗，眼睛眯成一线，十分得意。（金庸《天龙八部》第32章）

阿紫这一番拍马，把星宿派和丁春秋吹到了天上，"我星宿派武功之强，天下任何门派皆所不及""天下武学之士，人人都知道师父武功深不可测"，又把天下武林门派贬到了地下，都是"井底之蛙"，可笑之徒。一吹一贬，高下分明，自然比一味吹嘘强多了，难怪丁春秋听来"十分得意"。

四、暗示式

话语交际中，说话者在拍马时一般情况是清晰明白地传递信息，这也是交际的明晰性原则对交际的要求。但是，在拍马言语行为交际中，有时候直拍是不合时宜的，拍马话语，除了应具有明晰性之外，更应该具有得体性和艺术性。说话人在拍马时，有时并不明确地显示拍点，直接夸赞，而是运用比较含蓄的话语，把夸赞之意蕴含其中；有时甚至通过和其他人的话语交际显示自己的夸赞、尊重等。这种拍马方式我们称之为暗示性拍马。

我们来看一个例子：

（121）晚上，朱怀镜去拜访范东阳。他同范东阳工作联系密切，随意走走，很是自然。事先约了的，范东阳的夫人开了门，说："老范在书房里。"说着就引朱怀镜和舒天进去了。范东阳正在作画，抬头招呼道："怀镜你先请坐啊。"

朱怀镜忙说:"范部长你画你的,我正想看看哩。不影响你吗?"

范东阳笑道:"影响什么?随意画画,只当练气功。"见画面上,近处枣树成荫,农舍掩映,中部云烟浩渺,远处平林漠漠。范东阳手中夹着三支笔,不时颠来倒去,在画面上点点抹抹,又歪着头左看右看一番,放下那三支笔,另外换了支笔,在上端空白处题道:夏访马山,过枣林村,枣花飘香,蜂飞蝶舞,宛在仙境。

朱怀镜拍手道:"太漂亮了。范部长,你答应送我画的,我不如就要这幅了。"

范东阳摇头笑道:"随意画的,没怎么用心思,哪敢送人啊。"

朱怀镜说:"范部长你也忙,我要见你也难。我就要这幅了。"

范东阳笑着说声"这个怀镜呀",便提笔补题道:怀镜同志留念。

朱怀镜啧啧不绝,说:"中国水墨画真是太妙了,一支笔可造万千气象。"(王跃文《梅次故事》)

例子中的朱怀镜是梅次地委分管组织工作的副书记,范东阳则是朱怀镜的顶头上司,荆都市委组织部部长。范东阳的业余爱好是画国画,朱怀镜如果要讨好范东阳,拍点自然就是范东阳的画了。例子中,朱怀镜先后两次针对范东阳的画恭维夸赞:第一次是夸画"太漂亮了",这样的拍马显得夸张,吹捧之意十分明显,因为范东阳毕竟是个业余画手,也就是一般水平。第二次夸赞是"中国水墨画真是太妙了,一支笔可造万千气象"。相比之下,这一次拍马才是高水平的拍马。表面上看,朱怀镜的话是在赞叹中国水墨画的技法和妙处,实际上这句话是在夸赞范东阳画法高超:"一支笔可造万千气象"——此非高手不能为也,范部长真乃画坛大高手也!

我们再来看一个不成功的暗示性拍马的例子:

(122)进了房间,于建阳大呼小叫地招呼服务员过来,指手画脚一番。他似乎想靠训斥服务员表明自己对领导的尊重。朱怀镜实在难以消受这种风格的尊重，便请于建阳自己忙去，只同周克林（地委秘书长）说着话。可于建阳老觉得自己的尊重还欠火候，不肯马上就走。他亲自察看了卫生间、客厅和阳台，很忙似的。看看没什么可效劳的了，仍是不舍得马上就走，抓耳挠腮一番，突然想起什么，拿起了电话。"喂，我说呀，你们马上将朱书记房间里的毛巾、浴巾、地巾换上新的。啊啊，那你们马上去买新的。多买几套，颜色同其他客房要有区别，专门放在朱书记房间里用。要快啊。"

　　朱怀镜早在一旁挥着手，说不用不用。可于建阳只作没听见，对着电话高声吩咐着。"真的用不着，我用我自己的毛巾就是了。"等于建阳放下电话，朱怀镜又说。

　　于建阳只是笑着，领了赏似的。他忽又想起什么了，抓起电话，喊道："还有，你们另外买两瓶洗发液和沐浴液，要最好的。房间里配的这些不行，洗了头发紧巴巴的。"（王跃文《梅次故事》）

上例中的于建阳是梅次市梅园宾馆（梅次地委招待所）的总经理，朱怀镜则是新任梅次地区地委副书记（分管干部组织工作），暂时住宿在梅园宾馆。于建阳认为这是给他一个绝好的表现机会。他的那些行为都是做给朱怀镜看的，他打电话的那些话，表面上听来是对梅园宾馆的工作人员发号施令，实际上也是说给朱怀镜听的："朱书记，你看，我对你多关心啊！"可惜，于建阳的这种暗示太明显了，以至于让朱怀镜"实在难以消受这种风格的尊重"。所以，从话语方式和话语效果来看，于建阳实施的暗示性拍马是拙劣的，也是失败的。

五、反拍式

所谓反拍式，是指说话人运用"正话反说，假打真捧"的方式拍马。反拍式的话语表面上好像是反对或批评听话人的行为，实际上却是称颂对方。这种拍马的隐蔽性很强，解读时需要逆向思维。

（123）（某企业的领导让下属们向自己提出意见或批评）

张秘书：胡厂长，我要向你提出批评。列宁说：身体是革命的本钱。没有身体这个本钱，是干不好革命工作的。可是，你太不注意自己的身体了，经常工作到深夜。长期这样，把身体累垮了，你还怎么能继续工作呢？我希望胡厂长虚心接受我的批评。

李秘书：我对胡厂长也提一点意见。我个人觉得，胡厂长在放手发动群众这方面做得不够。毛主席说：我们应当相信群众。可是胡厂长事必躬亲，哪怕再小的事也要亲自过问。我希望胡厂长以后能多给我们一些锻炼的机会。

赵秘书：我对胡厂长也有一点意见，不知道对不对。我觉得吧，胡厂长对自己的要求太高，事事都要做到完美。这是不太符合辩证法的，人无完人，金无足赤，事物都是对立统一的。胡厂长，不知我说错了没有？（日常话语整理）

以上三位秘书的发言可谓是煞费苦心。他们各以提意见或批评为名，表面上态度严肃，义正词严，骨子里则夸赞颂扬，行歌功颂德之实。三位秘书确实是拍马高手，这恐怕也是他们多年修炼成的功夫吧。

反拍式拍马隐蔽性强，命中率高，话语效果好，要注意识别、预防。分析上例，稍做归纳，我们可以找出反拍式的几个特点：

第一，说话人和听话人的话语地位反常。按一般正常的情况，拍马者处于较低的权势地位，而批评者则处于较高的权势地位。反拍式则反常道而行之，以低位批评者批评高位领导者，给人的形象是忠贞之士，给人的感觉是忠言直谏。这一招貌似行险，其实反拍者是看准了才实施的，故十有九中。

第二，提意见要言之有据，态度真诚；批评时要语言朴实、语气亲切（千万不可作批坏分子状）。这方面属于体态语方面的功夫。功夫浅者不免会露出破绽，功力深厚者则面不改色，态度如常。

以上这两点都是外功。内功是在话语上，也是最关键的。那就是第三点，辩证地解析情况。大家可能说：辩证法谁不会呀？分析问题本应如此嘛！否！反拍式所说的"辩证地解析情况"只是取"一分为二"之意，关键是好中找坏，优中选缺——也就是"一分为二"地看情况，关键是找出优点之中的不足——这才是反拍之妙谛也！请看：

（124）为工作日夜操劳——不注意革命的本钱！

（125）事必躬亲，亲力亲为——不放手发动群众！

（126）严格自律，追求完美——不符合辩证法：人无完人！

第四节 关于"拍马"的若干问题

一、拍马和话语心理分析

对待不同的话语，人们的态度和心理的反应是不同的。如果要人们对赞扬、夸奖、表扬的话语和贬损、辱骂、批评的话语做出选择的话，估计绝大多数人都会选择听到赞扬、夸奖、表扬的话。这就是人们的话语心理的一个特点：喜欢听好听的话，讨厌听难听的话。古人对这种话语心理精当地概括为"乐闻喜讯而恶听凶言"。鲁迅先生的《立论》中写道：

（127）一家人家生了一个男孩，合家高兴透顶了。满月的时候，抱出来给客人看，大概自然是想得一点好兆头。

　　一个说："这孩子将来要发财的。"他于是得到一番感谢。

　　一个说："这孩子将来要做官的。"他于是收回几句恭维。

　　一个说："这孩子将来是要死的。"他于是得到一顿大家合力的痛打。

　　说要死的必然，说富贵的说谎。但说谎的得好报，说必然的遭打。

　　这种现象可以称之为话语心理的不均衡性。

　　《伊索寓言》中有"狐狸和乌鸦"的故事。从这则寓言中可以看出：从古到今，从中到西，话语心理的不均衡性是普遍现象。

　　既然人们的话语心理都是不均衡的，那么人们在相互之间进行交际时就会出现一种比较显著的现象：多说或只说好听的，少说或不说难听的，也就是老百姓常说的"好话多说，坏话少讲"。在话语交际中，说话人会根据语境的诸因素采用多种话语手段来取悦听话人，从而达到一定的交际目的，因而"拍马"也就成为首选的、使用最多的话语手段。

二、拍马与官场

　　官场上的腐败分子常常先是倦于政事（懒），然后是爱吃爱喝（馋），再往后就是贪欲大起，强霸硬占。这个归纳当然不错。但从心理分析和语言分析入手，这些贪污腐败分子的变化其实还有一个"听"的因素（听好话，不听忠言）。魏徵《谏太宗十思疏》中的七、八两思就是"虑壅蔽，则思虚心以纳下；惧谗邪，则思正身以黜恶"。作为一个领导干部，不仅要"虚心以纳下"，经常认真地听取群众和下级的真话、直言和忠言，还要"正身以黜恶"，其中就包括能够识别拍马话语，黜退拍马者！

三、拍马的双效性

从古至今，历代"拍手"层出不穷。有因拍而成事者，亦有因拍而败事者；有的因拍而佩六国相印，有的因拍而葬送江山。进入近、现、当代，拍马之风日盛。多少官员因吃拍而下马，多少权贵又因拍而锒铛入狱。拍马之害烈也！然若用于对付敌国敌手，则亦可成事立功。故拍马之术不可尽弃也。下面这个例子发生在抗日战争时期的冀中平原上：

（128）"王队长你可以，远远近近谁不知你是这一份。"李洛玉跷起大拇指，给王一瓶灌起米汤来。"听说，田各庄的中队长都得怕你三分。可是你辖管的这一片老百姓，就得听人家日本人的摆布。就说割麦子、伐树木这码事吧……"

"割麦子、伐树怎么啦？"王一瓶拿着鸡肉的两只手，停在嘴边上。

"那是皇军下的命令，谁敢不听？"洛玉特别把"不听"两字朝上扬扬。

"奶奶的，我就不听！"美酒助胆量，王一瓶扬颏连喝了几口，什么也不顾地大喊起来。"就是不割啦！就是不伐啦！"

"报告！"门外一声喊叫。

"进来！"王一瓶酒瓶子挪开嘴唇，朝进来的人一瞅，是他的一个上士班长，忙问："民夫们都来了没有？"

"都来了，小队长，就等你去分段干呢！"上士班长双脚站到一条线上回答。

"你出去告诉民夫们，麦子不割啦，树也不伐啦，坟不平啦，坑不填啦，都回家！"王一瓶喝一口说一句地下着命令。"是！是！是！"上士班长行了个举手礼，走了出去。

"不割恐怕不行，这是……"洛玉假惺惺地说。

"这没关系。下命令的今天进山扫荡去了，奶奶的，还不定回得来呢。就是回来，麦子也熟透拔完个龟孙啦！县官不如我现管。"王一瓶神色坦然地又撕下鸡胸脯上的一大块白丝丝肉，朝着嘴里填去。

"嗨呀，这可太好啦！要是咱这条路上都修下你这样好心的队长，老百姓还不乐得烧高香？"洛玉知道王一瓶有个大门头，就想借王一瓶的酒劲，把事儿办得一竿子扎到底，又是捧又是拍地说起来。

"这个，等我把这瓶子酒喝干，一个电话给我哥哥就办了。"王一瓶一口两口连三口地喝起来。一只烧鸡送下肚，一瓶酒喝个光，空酒瓶子朝桌上一顿，领着李洛玉朝电话室走去。

鬼子割麦子伐树的计划，让一瓶子酒、一只鸡就完完全全给破坏了。（冯志《敌后武工队》）

这里特别要说明的是：破坏鬼子割麦子伐树的计划，除了那一瓶子酒、一只鸡外，还有我党地下工作者李洛玉同志高超的话语手段，其中就包括拍马和激将。

第五节 小结

一般来说，赞扬是真诚的、由衷的，是对别人的优点和成就的肯定，并给以精神上的激励和鼓舞。而拍马则是为了实现眼前或日后的利益，在话语行为中实施夸大的、虚伪的、违心的赞扬。拍马行为的趋利性是显而易见的，因而也多为众人所鄙视。不过，由于某些交际的特殊性，例如打入敌人内部的地下工作人员，某些特殊谈判人员（例如人质谈判专家），在一定的情况下，他们的话语交际中也不得不使用拍马手段。拍马可成事，也能败事。拍马是一把双刃剑，关键看我们如何辩证地看待它和运用它。

【第七章】
汉语话语手段——留白

第一节 "留白"简释

格赖斯在合作原则中提出"量的准则",指出"所说的话应该满足交际所需的信息量",以及"所说的话不应超出交际所需的信息量"。而在话语交际中,说话人的话语有时会出现一些不完整的情况,从而留下信息空白。话语信息量呈现不足,违反了"量的准则"。

经过研究和分析,在汉语交际中,这种不完整的话语是说话人刻意为之,既有其特定的话语表达效果,也有其特定的语用目的。我们借用传统书画艺术手法"留白"来称说这种话语手段,并对其进行了考察研究。

"留白"的思想源于中国道家的"无为",老子指出:"有无相生,难易相成。"(《道德经》第二章)"三十辐共一毂,当其无,有车之用。埏埴以为器,当其无,有器之用。凿户牖以为室,当其无,有室之用。故有之以为利,无之以为用。"(《道德经》第十一章)有与无、有为与无为是相辅相成和互相转化的。这一朴素的辩证法思想在书法、绘画、音乐、文学等方面得到了普遍而充分的体现,并形成了"留白"艺术手法。乔姆斯基生成语言学中的"空语类"理论不知是否受到老子思想的启发,但是说"空语类"理论确实开启了句法层面的"留白"研究,亦不为过。不过,对话语层面"留白"现象进行观察,并将"留白"作为一种话语手段进行研究,我们尚未发现。本文试图对话语交际中的"留白"现象和"留白"话语手段进行初步的考察。

一、留白与补白

人们在进行交际时,说话人应该向听话人提供足够的信息量,以便听话人能够清晰、准确地理解自己的话语意义。这就是交际中的信息量原则对交际者的要求。但是,在某些情况下,由于语境诸因素的影响,直言其事是不适宜的;或者由于说话人主观方面的某些原因,他不愿意直陈其事[①]。为什么有时不宜直言其事?为什么说话人有时不愿直陈其事?这是因为,在实际交际中,除了信息量原则的要求,还有得体性原则的制约。而得体性原则是比信息量原则制约性更强的交际原则。因此,交际中说话人说出的话语,除了应该提供足够的信息量,还应该具有得体性。所以,在实际交际中,说话人根据语境的诸因素,根据不同的交际对象,运用各种不同的话语手段,对自己的话语进行调节。"留白"就是交际中经常运用的一种话语手段。

在日常话语交际中,我们发现,说话人的话语有时会出现不完整的情况,这样话语中就留下了信息空白。我们来看下面这个例子:

(129)徐宗民想求胡公仓办事,对自己捏造陷害别人的假材料一事睁一只眼闭一只眼。

徐宗民出了办公室,自己开着警用商务车赶到治安大队。他吃力地扛着一箱烟进了胡公仓的办公室,胡公仓见状忙起身让座,为他倒了一杯茶关好门:"徐所呀,你什么名堂啊!"

徐宗民把烟放在一个角落,不好意思地说:"来孝敬公仓兄呀,你现在的门槛是越来越高了。"

胡公仓笑眯眯地将徐宗民让到沙发上坐下,利索地递了一根烟:"徐所长可是稀客啊!"

[①] 周国光.语言信息的蕴含和复现[J].当代修辞学,1990(2):09-10.

徐宗民手指轻叩茶几："公仑兄，闲话我就不多说，刚才同你讲的事，你看……"

胡公仑不动声色地说："这嘛……说简单也简单，但说难也很难，里面有风险，关键是材料要齐。"（周锋《扫黑》第31节）

上例中，徐宗民有求于上级胡公仑，但胡公仑一直在绕圈子不说明白，徐宗民只好带上礼品上门相求。胡公仑的态度他不能不问，但是又不能赤裸裸地问。在这种情势下，徐宗民采用了"话到唇边留半句"的策略，他询问的话语是不完整的："刚才同你讲的事，你看……"

"你看……"后面的话是什么，徐宗民没说出来，也就是说，徐宗民没有直接询问胡公仑的态度，但是这句不完整的话所蕴含的信息是明确的：刚才同你讲的事，你看能行吗？能不能手下留情，高抬贵手？实在不行，给我个痛快话也行！

不过，上句问话蕴含的信息是不能直接问出来的。因为徐宗民毕竟是求人办事，级别又低人一等，问得太直有咄咄逼人之嫌，但闭口不问又未达目的。这时候徐宗民最佳的选择恐怕就是这种话到唇边留半句的不完整的问话了——既发了问，又不显唐突；既做了想做的事，又给了对方面子，可谓一举两得。

像上边例子中徐宗民的问话，这样的话语我们称为"留白"话语，即话语中留下了信息空白；徐宗民所运用的话语手段，我们称之为"留白"手段，即说话人有意在话语中留下信息空白。"留白"在口语中表现为停顿或拖延，书面上多用省略号或破折号表示。

从话语理解的角度来说，既然接收的话语中留下了信息空白，那么理解"留白"话语时就要采用一定的策略对留下的信息空白进行补充。这样就形成了一种话语理解手段——"补白"。在话语交际中，当听话人接收到话语而感到信息量不完整时，他应该根据话语提供的显性信息进行分析推导，并根据语境、话题和说话人诸因素进行补充，补足说话人应说出的全部信息，

111

这样才能完整地理解话语。上例中，胡公仓根据徐宗民求自己办事这一语言环境，又根据"刚才同你讲的事，你看……"这一显性信息进行分析推导，理解了徐宗民在询问自己对于这件事情的态度，故而做出相应的回答。当然，有时也会出现不能补白或补白不成功的情况。比如上例，如果是下面这种情况：

徐宗民：公仓兄，闲话我就不多说，刚才同你讲的事，你看……
胡公仓：我看什么？

胡公仓反问"我看什么"，说明他未能补白成功，所以他才会发问，求证信息。

二、留白的特点

通过上面这个例子，我们可以看到，留白这种话语手段大致有这样几个特点：

首先，留白这种话语手段具有主动性和可控性，也就是说留白这种手段是发话人主动使用的，留白话语也是发话人主动说出的，同时，留白话语也是可控的。发话人对留白话语可以根据自己的需要进行调节，缩短或延长，替换或变化。以上面例子中徐宗民的留白式话语为例：

刚才同你讲的事，你看……
刚才同你讲的事，你……（缩短）
刚才同你讲的事，你看是不是……（延长）
刚才同你讲的事，你看是不是请你……（延长）
刚才同你讲的事，你看是不是请你费心……（延长）
刚才同你讲的事，请你……（变化）
刚才同你讲的事，能不能……（变化）

刚才同你讲的事，是不是……（变化）

刚才同你讲的事，难道……（变化）

刚才同你讲的事，你觉得……（替换）

刚才同你讲的事，你说……（替换）

其次，留白话语是残缺的。由于发话人在留白话语中留下了一些信息，所以留白话语在结构上是不完整的，总会缺少一定的结构成分；留白话语的语义信息结构也是不完整的，总会缺少一定的语义成分和信息成分。不过，留白话语的残缺是受发话人控制的，怎样留白，留白多少，这些情况都决定于发话人对当时语境的分析掌握。

正是因为留白的主动性和可控性，所以留白话语区别于张口结舌的、不知所措的"这……""那个……""我/你……"之类的话语，这类话语不是主动、可控而形成的，话语中也没有隐去什么话语信息。

再次，留白话语又是可理解的。留白话语如果是不可理解的，那么使用这种话语手段就会使听话人接收不到相应的信息，从而造成交际的失败。留白话语的可理解性主要是因为两点：一是留白话语留下的语义和信息具有可引发性，通过留白话语中已经显现的成分可以引发出来。因为构成话语的词语无论在结构上还是在语义上都是互相联系的，通过词语结构上和语义上的相互联系，我们可以推测出未显现的词语和意义。举个简单的例子："开车的"这个短语后面虽然没有出现中心语，但是我们通过词语之间的联系，也能够推定没有出现的中心语是施事成分——"开车的（人）"。二是语境诸因素的作用。参与交际的人物角色，产生交际的事由，交际的时间、地点，留白话语前显现的语句，这些因素都为理解残缺的留白话语提供了参考。

第二节 "留白"的类别

人们进行交际时总是有一定的目的。为了达到特定的目的，说话人就要采用相应的话语手段。根据话语手段同交际目的的关系，留白大致可以分为五种情况：试探式留白、乞求式留白、暗示式留白、避忌式留白和语义留白。

一、试探式留白

封建社会的宫廷中有一句话，叫作"伴君如伴虎"，因此，"揣摩上意"就成了官员们最重要的事。摸准上意可事半功倍，不明上意则出力不讨好。在现代社会系统中，由于上下级关系和职务权限等因素的影响，了解上级的思想、摸清上级的意图仍然是下属十分关注的事情。

在具有上下级关系的言语交际中，下级人员非常注意揣摩、了解上级领导的想法和意图。如果不清楚、不明白上级领导的想法和意图，下级人员会采用一定的手段、方法进行试探（俗称"摸底儿"或"套话儿"）。由于行政级别、权力等级处于下位，导致话语权也处于下位，所以下级人员对上级领导的试探性话语就不能太直白、太露骨，而要含蓄、模糊，甚至可以是"话到唇边留半句"的"半截子话"。这就是我们所说的"留白"话语。

我们来看下面这个例子：

（130）柳王明钻进汽车，一溜烟地离开了清江宾馆，他急着往回赶。时间已经是下午五点四十分了。三伏天的太阳，还在天上悬着，热浪灼人。司机老余把冷气开到三档，呼呼直响，车内依然闷热。

"老板，我们去——"老余试探着问。

"我们顺道去云坊县，书记、县长有事要汇报，吃了晚饭再回新阳市。"（张启元《生死博弈》）

上例中，司机老余问话的语境是：

时间：下午五点四十分（快到吃晚饭的时候了）。

环境：离开清江宾馆，正在往回行驶的汽车中，闷热难耐。

天气：三伏天，骄阳高悬，热浪灼人。

问话的对象（听话人）：柳王明，自己的老板。

根据语境诸因素和司机老余的目的，我们就知道司机老余为什么采用留白话语问话了。

首先，老余必须问，而不能装聋作哑。试想，老板行色匆匆，肯定有事；随从岂可置之事外，不理不问？如果老余不理不问，要你这个随从干什么？

其次，当时已经是下午五点四十分了，却离开宾馆上车。这个时候要去哪里？什么走法？作为随身司机，他不可不知。但当时有多种可能：是去吃饭，吃了饭再走，还是找个地方先凉快一会儿？是直接回新阳市，还是去其他地方？所以老余不能像下面这么问：

老板，我们去哪里？（如果老板要去吃饭呢？如果老板想先歇一会儿呢？我是不是管得太宽了？）

老板，我们去新阳市吗？（如果老板要去其他地方呢？下属知道得太多可是老板的大忌啊！）

所以，老余当时采用留白话语问话恐怕是最佳选择。老余的留白问话表达了三个方面的信息：

①表态：我随时准备执行老板的指令。

②装憨：我就会开车，其他什么也不知道，所以必须请老板指示。

③请令：请求指令，以便执行。

柳王明的话证明老余的问话是得体的，因为柳王明的行程并非单线，事情也不是一件：

①顺道去云坊县听取书记、县长汇报。

②吃晚饭。

③回新阳市。

这样的行程和事项能够随便乱问吗？又能问得清楚吗？

二、请求式留白

如果一个人需要别人的帮助，那么最直接的方式就是用话语向别人请求帮助。但是，俗话说，"开口容易合口难"。求人之事一旦被拒绝，求人者往往会非常尴尬，羞愧难当，往往下不了台。因此，中国民间历来有"求人难"的说法，所以求人者对求人之事慎之又慎，不到万不得已，一般不张口求人；一旦开口求人，则是字斟句酌，到了实在难以措辞之时，留白就是最好的话语手段了。求人者隐去所求之事的关键信息，可以给自己留有余地，而不至于没有退路。

我们来看看下面这个例子：

（131）"小柳哇，你到乡里工作很好，是个锻炼。要把部队的好传统带到农村去，为老百姓扎扎实实办几件好事，农村需要人才呀。"

"首长，我本来就是农民，我对农民有感情，是真想为农村、农民办点好事。就是家里有些困难。爱人是北京人，不愿跟我去乡里工作，还一直在北京。"

"哦？那很不方便嘛，有什么想法？说说。"

"县里正在机构改革，要选拔一些年轻干部到县级岗位上工作。我想这是个好机会，要是能行，我爱人会同意跟我到县里工作。首长不知好不好同省里……"柳王明还有些不好意思说下去。

"嗯，这倒是个思路。好吧，你回去好好干，把工作干好。让组织来考虑这些事呵。"（张启元《生死博弈》）

上例中的语境是：

话语对象：柳王明的老首长。

地点：柳王明的老首长的家中。

背景：柳王明因夫妻分居需解决爱人调动问题，而爱人又不愿调到乡里工作。

根据语境诸因素和柳王明要解决的问题，我们就知道为什么柳王明的话是留白式的半截子话了：

首先，柳王明必须求人，因为他有难事，这件难事就是他自己说的：

> 就是家里有些困难。爱人是北京人，不愿跟我去乡里工作，还一直在北京。

对于这件事，柳王明是无力、无法解决的。因为在过去的岁月里，人事调动是一件大事，许多两地分居的夫妻十多年都不能调到一起。大概柳王明也不想这样分居下去，何况现在有了一个"好机会"（县里要选拔一些年轻干部到县级岗位工作）。机不可失，时不再来。此时不求，更待何时？所以他必须开口求人。

但是，他求的是他的老首长，而且老首长还刚刚表扬过他"很好"，在这种情况下，柳王明如果开口请老首长去做打招呼办事这种违背原则的事，不仅是不合时宜的，而且严格地说就是错误的。怎么办呢？这时候柳王明先采用另一个手段：诉苦。俗话说"老人心软，诉苦就管"。我们来看看柳王明的话语策略：

> 首长，我本来就是农民，我对农民有感情，是真想为农村、农民办点好事。就是家里有些困难。爱人是北京人，不愿跟我去乡里工作，还一直在北京。

先是慷慨激昂、掏心窝子的表态"真想为农村、农民办点好事"，然后话头一转，开始诉苦，以征得老首长的同情。果然，老首长心软了：

> 哦？那很不方便嘛，有什么想法？说说。

好，既然老首长叫我说，那我就说：机会有，而且是个好机会；我爱人也同意跟我到县里工作（不去乡里！）。万事俱备，就差老首长这股东风了！不过求人万万不可鲁莽！此时，我要面有愧色，羞羞答答，犹抱琵琶半遮面；要欲言又止；含而不露，引而不发跃如也：

"首长不知好不好同省里……"柳王明还有些不好意思说下去。

上例中的省略号是柳王明要传递的最重要的信息，但却被隐去了。不过，这隐去的话语信息老首长是可以推理出来的。听听老首长是怎么说的：

嗯，这倒是个思路。好吧，你回去好好干，把工作干好。让组织来考虑这些事呵。

好，柳王明的交际目的达到了。交际成功！

三、暗示式留白

在言语交际过程中，有时由于语境诸因素的影响，说话人不能或不宜直接向对方说明自己的意思。这时，说话人可以不完全说出自己的话语信息而进行留白，向听话人暗示。而听话人根据语义关联，根据已有信息可以推导联想出说话者暗示的信息。留白手段暗示的信息可以根据事物之间的因果联系，或说明原因，蕴含结果；或说明结果，蕴含原因。

我们来看下面这个例子：

（132）经理看他拐弯抹角，脸色顿时阴沉下来："是呀，现在都是公事公办，你是哪个厂的呀？"

小伙子说："武昌区星火化工厂。"

经理蹙着眉头："武昌区有这么个厂吗？"

柯亭说:"是武昌区狮子街星火化工厂。"

"哦,街办的。"经理睥睨小伙子,毫不掩饰他的轻蔑,"现在,都是公事公办……我这个厂,也不是我一个人当家,一个人说了算……对不对,再说,那个锅炉,我们还要用……就这样吧,好不好?"

这是逐客令!柯亭像突然发了疟疾,冷得浑身上下打哆嗦。他感到屈辱,懊恼,大不该出来充好汉。(刘富道《南湖月》)

上例的语境情况是:

交际双方:武汉市自来水公司苑经理;武汉市武昌区狮子街星火化工厂技术员柯亭。

地点:苑经理家的客厅。

谈话事由:狮子街星火化工厂购买武汉市自来水公司的锅炉之事。

背景知识:柯亭是苑经理的宝贝女儿介绍来的,二人有可能成为恋人。还有一个重要的背景知识:当时民营企业、私营企业的社会地位要比现在低得多。

武昌区狮子街星火化工厂的技术员柯亭来找武汉市自来水公司的苑经理,商量为本厂购买自来水公司锅炉的事。苑经理一听说来者是一个街办小厂,无油水可捞,态度马上发生了变化。但碍于柯亭是自己的"掌上明珠"女儿介绍来的,所以没有直接拒绝(也不敢直接拒绝,万一是女儿的男朋友呢?),而是用留白的暗示性信息来表明。例子中的省略号就是苑经理未说出而要暗示给柯亭的信息:

"现在,都是公事公办……"暗示的信息是:所以你私下来找我是不合适的。

"我这个厂,也不是我一个人当家,一个人说了算……"暗示的信息是:所以你来找我是没有用的。

"再说,那个锅炉,我们还要用……"暗示的信息是:因此那个锅炉我们是不卖的。

"就这样吧"暗示的信息是：没有什么商量的余地了。你该走了。

正是因为柯亭从苑经理的话语中听出了这些暗示的信息，所以才感到屈辱、懊恼，知道苑经理是在发"逐客令"。

四、避忌式留白

从古至今，因风俗习惯或畏惧权势而对某些不吉利的语言或举动有所顾忌，对某些问题可能产生不利后果或难以启齿的事力求避免，所以，人们在交际中，往往会对这些忌讳的话语留白。我们此处说的避忌式留白，指的不仅是由于风俗习惯而要忌讳所产生的留白，还指不愿说出或听到某些会引起不愉快的字眼要回避，或因不宜直称君主和尊长的名字而要避讳产生的留白话语手段类型。

（133）康六：那不是因为乡下种地的都没法子混了吗？一家大小要是一天能吃上一顿粥，我要还想卖女儿，我就不是人！

刘麻子：那是你们乡下的事，我管不着。我受你之托，教你不吃亏，又教你女儿有个吃饱饭的地方，这还不好吗？

康六：到底给谁呢？

刘麻子：我一说，你必定从心眼里乐意！一位在宫里当差的！

康六：宫里当差的谁要个乡下丫头呢？

刘麻子：那不是你女儿的命好吗？

康六：谁呢？

刘麻子：庞总管！你也听说过庞总管吧？侍候着太后，红得不得了，连家里打醋的瓶子都是玛瑙做的！

康六：刘大爷，把女儿给太监做老婆，我怎么对得起人呢？

刘麻子：卖女儿，无论怎么卖也对不起女儿！你糊涂！你看，姑娘一过门，吃的是珍馐美味，穿的是绫罗绸缎，这不是造化吗？怎样，摇头不算点头算，来个干脆的！

　　康六：自古以来，哪有……他就给十两银子？

　　刘麻子：找遍了你们全村儿，找得出十两银子找不出？在乡下，五斤白面就换个孩子，你不是不知道！（老舍《茶馆》第一幕）

卖儿卖女不仅是违法犯罪的行为，而且不道德、不仁义，与法制社会相违背，更是被全社会所不齿的行为。但在旧社会曾经出现卖儿卖女的现象，这在那个缺衣少粮，没有吃、没有穿的旧社会确实是无奈之举，但也是为人不齿、违背社会道德的事情，是忌讳之事。上例中，康六不仅要将自己的女儿卖掉，还要卖给太监当老婆，这无论如何也是说不出口的。

再看下例：

　　（134）那老僧又道："明王若只修习少林派七十二项绝技的使用之法，其伤隐伏，虽有疾害，一时之间还不致危及本元。可是明王此刻'承泣穴'上色现朱红，'闻香穴'上隐隐有紫气透出，'频车穴'筋脉颤动，种种迹象，显示明王在练过少林七十二项绝技之后，又去强练本寺内功秘籍《易筋经》……"他说到这里，微微摇头，眼光中大露悲悯惋惜之情。（金庸《天龙八部》第五卷）

生活中，"死"字是忌讳的，遇到与死有关的事情，人们都会有意避开它，或避而不谈，或转换说法代替。上例中，老僧采用了避而不谈的策略。

　　（135）刘麻子：洋东西可是真漂亮呢！我要是穿一身土布，像个乡下脑壳，谁还理我呀！

　　常四爷：我老觉乎着咱们的大缎子，川绸，更体面！

　　刘麻子：松二爷，留下这个表吧，这年月，戴着这么好的洋表，会教人另眼看待！是不是这么说，您呢？

松二爷：（真爱表，但又嫌贵）我……

刘麻子：您先戴两天，改日再给钱！（老舍《茶馆》）

例中，松二爷既爱表又嫌贵，陷入两难境地，究其原因不过是自己的钱不够。虽是小事，但现实生活中，钱是男人的脸面，没钱自然是一件伤自尊的事情，属于回避的内容。

（136）刘麻子：你这个娘儿们，无缘无故地跟我捣什么乱呢？

康顺子：（挣扎）无缘无故？你，你看看我是谁？一个男子汉，干什么吃不了饭，偏干伤天害理的事！呸！呸！

王利发：这位大嫂，有话好好说！

康顺子：你是掌柜的？你忘了吗？十几年前，有个娶媳妇的太监？

王利发：您，您就是庞太监的那个……

康顺子：都是他（指刘麻子）做的好事，我今天跟他算算账！（又要打，仍未成功）

刘麻子：（躲）你敢！你敢！我好男不跟女斗！（随说随往后退）我，我找人来帮我说说理！（撒腿往后面跑）

王利发：（对康顺子）大嫂，你坐了，有话慢慢说！庞太监呢？（老舍《茶馆》）

例中，太监的老婆这个称呼也是不好听的，说出来可能让大家很尴尬，自然要回避。

（137）李三：对，后边叫，前边催，把我劈成两半儿好不好！（愤愤地往后走）

王利发：拴子的妈，他岁数大了点，你可得……

王淑芬：他抱怨了大半天了！可是抱怨得对！当着他，我不便直说；对你，我可得说实话：咱们得添人！（老舍《茶馆》）

上例中，李三在茶馆干了一辈子，侍奉两代人，没有功劳也有苦劳，理应受到全家人的尊重。王利发欲提醒夫人对李三态度好些，但李三毕竟是下人，又逢年月不好，说出来可能大家都不高兴，回避自然就成了最好的选择了。

（138）玄慈道："慕容老施主，我和你多年交好，素来敬重你的为人。那日你向我告知此事，老衲自是深信不疑。其后误杀了好人，老衲可再也见不到你了。后来听到你因病去世了，老衲好生痛悼，一直只道你当时和老衲一般，也是误信人言，酿成无意的错失，心中内疚，以致英年早逝，哪知道……唉！"他这一声长叹，实是包含了无穷的悔恨和责备。（金庸《天龙八部》第五卷）

上例中，玄慈回避令自己悔恨和自责的话语信息。

（139）李达康看了报告，指示赵东来，对蔡成功尽快批捕。赵东来却说要看省检察院的态度。李达康觉得有些怪，省检察院为啥老盯着蔡成功呢？赵东来苦苦一笑，吞吞吐吐说这涉及蔡成功的一个举报。是什么举报，赵东来没说，只提醒他："李书记，您可要当断则断啊！"

李达康心里一沉，已有预感，却仍问："断？怎么断？和谁断？"

赵东来迟疑了一下，还是直言不讳说了："当然是和欧阳菁啊，李书记，你们夫妻的事早不是啥秘密了，再拖下去会对您很不利……"（周梅森《人民的名义》）

评说领导的家事，在职场中是避讳的。例中，赵东来虽直言不讳地指出此事与欧阳菁有关，并善意提醒，但具体述说李达康的家事还是要避讳的。

五、语义留白

语义留白与暗示性留白有些相似，都是在言语交际过程中，由于语境诸因素的影响，说话人不能或不宜直接向对方说明自己的意思，听话者都可以根据语境进行联想和推断出留白信息。不同点是，暗示性留白是将留白信息有意说给听话人，留白信息与已知信息之间有着因果联系，听话人根据已有信息可以推导联想出说话者暗示的信息；而语义留白更具艺术性，其留白信息表面上看似不是有意说给听话人或者话语平实，顺其自然，合乎语境和常理，留白信息和已知信息不存在必然的因果联系，有时形成条件关系。所以说，语义留白可以称之为话中有话，指说话者把深层语义隐去，表面上好似没有涉及，形成空白的话语手段类型。

（140）玄慈说道："老衲职为本寺方丈，于此六件大事，无一件能善为料理，实是汗颜无地。可是虚竹身上功夫，全是逍遥派的武学，难道……难道少林寺的大事……"

他说到这里，言语已难以为继，但群僧都明白他的意思：虚竹武功虽高，却全是别派旁门功夫，即使他能出手将这六件大事都料理了，有识之士也均知道少林派是因人成事，非依靠逍遥派武功不可，不免为少林派门户之羞。就算大家掩饰得好，旁人不知，但这些有道高僧，岂能作自欺欺人的行径？（金庸《天龙八部》第四卷）

上例中，根据下文分析，我们可以推出玄慈"难道……难道少林寺的大事……"留白内容包括两层语义：表层是难道少林寺的大事要靠逍遥派武功不可？深层语义是此事实在是让少林寺蒙羞。而深层语义是通过表层语义推理出来的，深层语义是我们所说的语义留白。

语义留白的表现形式更多的是话中有话：

（141）祁同伟小心地提出了个建议："既然这样，高书记、李书记，你们考虑一下，是不是先让省纪委把丁义珍规起来呢？我派人协助执行！"（周梅森《人民的名义》）

（142）果然，李达康立即表态："哎，祁厅长这个意见好，就由我们双规吧！"那口气似乎已经代表省委做了决定，也没去征求一下主管副书记高育良的意见。高育良怎么想的不知道，只见老师下意识地用指节轻击着桌面，看了看他，又看了看季昌明："这个，季检，你的意见呢？"

老师的心思陈海很清楚，老师肯定不想为李达康做嫁衣裳。双规丁义珍，就违背了北京方面的意见，谁拍板谁负责任。老师与李达康一向不和，这是H省官场几近公开的秘密，老师干吗为政治对手顶雷啊？但老师就是老师，绝不会直接表露自己的意思，便把球传到省检察院这边来了。不是主动汇报来了吗？好！你们的事你们先表个态嘛！（周梅森《人民的名义》）

例（141）是一个折中的意见。由省纪委处理丁义珍，作为省委常委的李达康脸上好看些，以后也有回旋的余地。陈海明白祁同伟的心思，这位公安厅厅长要上台阶，眼睛瞄着副省长，恩师高育良已经向省委推荐了，常委李达康的一票很关键，祁同伟当然要顺着李达康的意思来。

例（142）中，两处语料值得我们注意，一是祁同伟顺着李达康的意思表态的话语："既然这样，高书记、李书记，你们考虑一下，是不是先让省纪委把丁义珍规起来呢？我派人协助执行！"一是高育良岔开李达康的意见："这个，季检，你的意见呢？"这两处发言都看似平常，合乎情理，但深层语义并不是这样，就像陈海所分析的，祁同伟想要争取李达康这一票升任副省级，其深层语义是："李书记，我是站在您这边的。"高育良一向与李达康不和，自然不会为其作嫁衣，其深层语义是：我不同意这个意见。

（143）两人一对眼，互有提防。毕竟为争夺蔡成功他们才走到一起的。赵东来表现出较高的热情，主动与侯亮平握手，说："久仰大名，北京那小贪官巨贪案子就是你一手经办的吧？还吓跑了我们一个副市长！"侯亮平话里有话道："丁义珍一跑，京州不少干部就能松口气了吧？"赵东来坦然道："可能吧！不过该进去的总要进去，这也是迟早的事……"（周梅森《人民的名义》）

上例中，赵东来和侯亮平的话语都不似简单地打招呼、套近乎的话语信息。赵东来的"久仰大名，北京那小贪官巨贪案子就是你一手经办的吧？还吓跑了我们一个副市长！"表面上恭维，实则指明侯亮平办事不力，钻进笼子里的鸭子都看不住。而侯亮平也不示弱，其话语深层语义可以理解为丁义珍逃跑一案不简单，贵市贪官不少啊。表面上是一种打招呼的方式，实则是针尖对麦芒，各不相让。

留白这种话语手段在实际交际中用例很多。限于篇幅，暂时从略。更全面、深入的研究有待于进一步的努力。

第三节 小结

关于话语中特殊话语现象的理解，有的学者用关联理论来解释。比如，在话语交际中，"一切人类行为都会传递信息，为推理提供依据，而且所有的信息处理都以'关联'为取向，……关联性指人们理解话语时在新出现的信息与语境假设之间寻求关联"[①]。（Sperber&Wilson，1996：252）我们不否认这种观点，但是我们也有疑问。这种理论过于宽泛。按照唯物辩证法的观点：世界上一切事物都是互相联系的。这一断言比关联理论有更大的涵

---

① Sperber, Dan, Deirdre Wilson. *Relevance: Communication and Cognition*（关联性：交际与认知）[M]. 2nd Edition. Beijing: Blackwell Publishing and Foreign Language Teaching and Research Press, 2001.: 252.

盖范围。但是问题并没有解决。事物是互相联系的,但是事物是怎样联系的呢,出于什么原因,达到什么目的,谁跟谁联系,什么地点,什么时间,什么方式,特别是用什么话语关联?要回答这些问题,远远不是"关联"一个词能够解决的。因此,我们不否认唯物辩证法、关联理论的观点,但是,我们应把事物之间的联系或关联细化、具体化,进行实证式的验证和分析。我们对留白话语和留白手段的分析基本上贯彻了这一思想。我们对话语分析的时候,时刻不忘语境分析,因为语境各方面的因素决定了话语的内容、形态和功能等等。只有把语境分析落到了实处,关联理论和各种关联也才能落到实处。如果没有语境理论及其分析,关联理论也只能是一句空话。

【第八章】
汉语话语手段——激将

第八章 汉语话语手段——激将

第一节 "激将"的心理基础和心理机制简说

一、情绪简说

情绪是人们对客观事物的态度的一种反映，是人的情感的外在表现形式。我国古代的"七情"喜、怒、哀、欲、爱、恶、惧就是情绪的基本类型。

人的情绪可以分为肯定的和否定的。肯定的情绪如满意、快乐、喜爱等，否定的情绪如不满、愤怒、怨恨等。情绪的肯定和否定称为情绪的两极性。情绪的两极性可以表现为积极的、增力的，也可以表现为消极的、减力的。不过不能一概而论，需要辩证地看待。同一种情绪可以既有积极的性质，也有消极的性质。例如"恐惧"可以使人抑制或取消自己的抗拒行为，也可以促使人搏杀冒险。身处绝境的"绝望"情绪可以使人崩溃、放弃，也可以使人"置之死地而后生"，拼死搏斗，杀出绝境。

情绪具有较大的情景性、激动性和短暂性。

二、情绪和需求

情绪同人的需求有密切的关系。人们对客观事物的态度（情绪）主要取决于客观事物对于人的意义及其对人的需求的满足度。同人的需求无关的事物，人们对它们无动于衷。只有那些同人的需求有关的事物才会引起人们的态度（情绪）和相应的变化。

人的需求是多方面的。按照需求的起源，可以分为天然需求和社会性需求。按照需求的对象，可以分为物质需求和精神需求。社会性需求和精神需求是人类社会区别于自然界的特殊需求。

在人类社会中，人都有尊重和自我实现的需求。尊重的需求包括社会地位、个人的能力和成就得到社会承认等。尊重的需求可分为内部尊重和外部尊重。内部尊重就是自尊，即人们希望自己有实力、能胜任、有信心、能独立自主。外部尊重可称为他尊，即人们希望有社会地位、有威信、受人尊重、信赖，有好的评价。[①]自我实现的需求指人们希望实现个人理想和抱负，最大限度发挥个人的能力，做好应该完成的一切事情。

一般来说，人的需求得到满足，产生的情绪是肯定的；人的需求未得到满足或缺失，产生的情绪是否定的。

三、需求、情绪和话语交际

在人类社会中，不同的人们生活在不同的阶层或不同的群体，人们的生活发展有不同的阶段，会处在不同的环境中，因此人们对需求也分为不同的层次。同言语交际有关的需求主要是精神需求和社会性需求，如尊重、重视、关注等。如果这些需求得不到满足，或者完全失去这些需求时，人们就会表现出相应的情绪。

对于不同性格、不同素质的人们来说，精神和社会需求的不足或缺失所引起的情绪是不同的。自尊强、自负、个性强悍的人表现的情绪可能是肯定的，也可能是否定的，但却是增力的；反之，表现出的情绪则往往是否定的、减力的。

[①] 赵鑫道.从马斯洛的需求层次理论看高职院校学生管理应注意的几个问题[J].科学与财富，2014，7：133.

既然一定的需求缺失会导致增力的情绪产生，那么在话语交际中，可以通过人为地造成某种需求的缺失或不足，使听话人产生增力的情绪。因此，在话语交际时，说话者为了达到一定的话语目的，在对听话者的需求层次做出准确的判断之后，运用恰当的话语手段就会实现预期的话语目的。

激将就是根据需求的不足或缺失而引发相应的增力的情绪，并借此达到相应的话语目的的一种话语手段。

第二节 "激将"手段论析

一、激点及其选择

激将话语手段在汉语交际中应用非常广泛，但前人的研究非常少，主要集中在描述"激将"在说话艺术、文学作品、影视剧台词、教学用语等方面的应用，还没有上升到话语交际理论层面，在激将法应用的心理机制、语用理据以及实施方式等系统性研究方面仍然没有足够的重视。

激将话语手段有着丰富的策略性，可以说，汉语交际中激将话语手段的应用源远流长，三国时期诸葛亮更是激将话语手段的集大成者。下面，我们将以四大名著之《三国演义》中诸葛亮对激将话语手段的用例为主进行研究和分析，探讨激将话语手段的心理基础、心理机制、激点选择和实现方式，揭示激将话语手段在话语交际过程中的语用理据。

俗话说"遣将不如激将"。这是为什么呢？我们先来看一个众所周知的激将的例子：

（144）（刘）玄德遂入绵竹，商议分兵取成都。忽流星探马急报，言："孟达、霍峻守葭萌关，今被东川张鲁遣马超与杨柏、马岱领兵攻打甚急，救迟则关隘休矣。"玄德大惊。孔明曰："须是张、赵二将，方可与敌。"玄德曰："子龙引兵在外未回。翼德已在此，可急遣之。"孔明曰："主公且勿言，容亮激之。"

却说张飞闻马超攻关，大叫而入曰："辞了哥哥，便去战马超也！"孔明佯作不闻，对玄德曰："今马超侵犯关隘，无人可敌；除非往荆州取关云长来，方可与敌。"张飞曰："军师何故小觑吾！吾曾独拒曹操百万之兵，岂愁马超一匹夫乎！"孔明曰："翼德拒水断桥，此因曹操不知虚实耳；若知虚实，将军岂得无事？今马超之勇，天下皆知，渭桥六战，杀得曹操割须弃袍，几乎丧命，非等闲之比。云长且未必可胜。"飞曰："我只今便去；如胜不得马超，甘当军令！"孔明曰："既尔肯写文书，便为先锋。"（罗贯中《三国演义》第六十五回）

上例中，诸葛亮的话语表现的是对张飞的地位（大将）、武功、威名（一喝吓退百万兵）等方面的贬低，使自尊、自负、个性强悍的张飞产生极大的心理需求缺失，强烈地刺激了张飞的自尊心，由此使张飞产生否定的却是增力的情绪，并导致相应的言后行为：生气、不服、争面子、求战等，这些情绪大大强化了张飞作战并求胜的决心。

运用激将手段，话语对象的个性特点和心理特点是一个很重要的因素。张飞是一个对尊重和自我实现需求十分强烈的人，他自信、自尊、自负，渴望建功立业，名扬天下。正因为如此，诸葛亮对张飞的激将才会是有效的，并且是强效的。

人们心理上的需求点，可以叫作激将手法中的"激点"。

下面是一个精确针对激点进行激将的例子：

（145）欧阳锋呵呵大笑，说道："南希仁这汉子倒也硬朗，竟然等得到见你。"黄蓉道："我见他临死时的情状，必是中了怪毒，心想裘千仞练毒掌功夫，是以猜到了他的身上。"欧阳锋笑道："裘千仞武功了得，却是在掌力不在掌毒。他掌上无毒，用毒物熬练手掌，不过是练掌力的法门，将毒气逼将出来，掌力自然增强。那南希仁死时口中呼叫,说不出话,脸上却露笑容,是也不是?"黄蓉道:"是啊,那是中了什么毒?"欧阳锋不答,又问:"他身子扭曲,在地下打滚,力气却大得异乎寻常,是也不是?"黄蓉道:"是啊。如此剧毒之物,我想天下舍铁掌帮外,再也无人能有。"

黄蓉这话明着相激,欧阳锋虽心知其意,仍是忍耐不住,勃然怒道:"人家叫我老毒物,难道是白叫的吗?"蛇杖在地下重重一顿,喝道:"就是这杖上的蛇儿咬了他,是咬中了他的舌头,是以他身上无伤,说不出话。"柯镇恶听得热血直涌入脑,几欲晕倒。

(金庸《射雕英雄传》第35章)

欧阳锋在江湖上称为"西毒",人送外号"老毒物",欧阳锋自己也对这一点非常自负,而黄蓉就针对这一点,偏偏说铁掌帮之毒天下第一,这让欧阳锋如何忍耐?盛怒之下终于说出了杀死南希仁的真相。黄蓉对欧阳锋的激点选得非常准确。

现在我们可以解释"遣将不如激将"的道理了:激将的效果之所以超过遣将,主要是因为激将的话语使话语对象(将领)的尊重需求缺失,使话语对象产生增力的情绪,激发他的激情和能力达到极大值,去完成极具挑战性的任务。而一般的派遣是没有这个效果的。

激将之法本是用于将领。后来,"激"的对象的范围逐渐扩大。激将手法的运用也从军帐扩展到了社会的日常生活,"激将"也就逐渐成为一种常用的话语手段或方法。下例是激将手法在体育训练中的运用:

(146)我国著名排球女国手孙晋芳,少年时代在苏州业余体校练打排球,刚进体校时,还练得有劲,但时间一长,便觉得天天练球单调无味,索性回家不练了。教练认为她是个好苗子,不练可惜,就多次登门做她的思想工作,但几次"顾茅庐"都没有效果。最后,教练采用了激将法说:"我看你就不是打排球的料,我也不再跟你费口舌了!"

孙晋芳听了这话，十分恼火："好啊，你说我不是打球的料，我就非打给你看！"在被刺激的逆反心理驱动下，孙晋芳返回了体校。回校后，她全身心投入到排球训练中，后来为我国排球获世界冠军立下了汗马功劳。（刘玉瑛《工作讲方法 领导有艺术》）

孙晋芳虽然不是大将，却是个打排球的好苗子，也许是未来的世界冠军，孙晋芳练排球也是冲着世界冠军去的，不想当冠军的运动员不是好运动员嘛！上例中教练的话"我看你就不是打排球的料，我也不再跟你费口舌了！"就是对准孙晋芳的激点说的。

下面我们再来通过一个例子分析一下激将和话语策略的关系。

二、话语策略和激将手段

我们要分析的例子是《三国演义》中"诸葛亮激孙权"。

（147）鲁肃曰："适间所嘱，不可有误。"孔明点头应诺。引至堂上，孙权降阶而迎，优礼相待。施礼毕，赐孔明坐。众文武分两行而立。鲁肃立于孔明之侧，只看他讲话。

孔明致玄德之意毕，偷眼看孙权：碧眼紫髯，堂堂一表。孔明暗思："此人相貌非常，只可激，不可说。等他问时，用言激之便了。"

……

（孙）权曰："若彼有吞并之意，战与不战，请足下为我一决。"孔明曰："亮有一言，但恐将军不肯听从。"权曰："愿闻高论。"孔明曰："向者宇内大乱，故将军起江东，刘豫州收众汉南，与曹操并争天下。今操芟除大难，略已平矣；近又新破荆州，威震海内。纵有英雄，无用武之地，故豫州遁逃至此。愿将军量力而处之：若能以吴越之众，与中国抗衡，不如早与之绝；若其不能，何不从众谋士之论,按兵束甲,北面而事之?"权未及答。孔明又曰:"将军外托服从之名,内怀疑贰之见,事急而不断,祸至无日矣!"权曰:"诚如君言,刘豫州何不降操?"孔明曰:"昔田横,齐之壮士耳,犹守义不辱;况刘豫州王室之胄,英才盖世,众士仰慕。事之不济,此乃天也,又安能屈处人下乎!"

孙权听了孔明此言,不觉勃然变色,拂衣而起,退入后堂。……(鲁)肃闻言,便入后堂见孙权。权怒气未息,顾谓肃曰:"孔明欺吾太甚!"(罗贯中《三国演义》第四十三回)

诸葛亮来东吴的目的行前就已经确定:联合孙权共同抗曹。那么诸葛亮如何实现这一目的呢?他如何完成这次外交联络任务呢?

面对当时的形势,诸葛亮要实现联孙抗曹的目的,就必须给孙权增力。如何增力呢?诸葛亮可用的方法有这样几种:

①讲大道理。诸如"得道多助,失道寡助""多行不义必自毙",云云。

②讲兵法。诸如"曹军千里远来,远离国中,强弩之末势不能穿鲁缟,必蹶上将军""东吴以逸待劳,且占尽地利人和,必操胜券",云云。

③析军情。诸如"曹军虽号称八十万,嫡系部队不过十五六万,且长期征战已疲,余皆杂牌军,乌合之众也。以疲病之卒御狐疑之众,不堪一击也。且曹军不惯水战。东吴有长江天堑,精良水师,一战可破也",云云。

④鼓励加油。诸如"孙刘联手,实力倍增。两家齐心,其利断金",云云。

⑤激将。诸如"不行就当亡国奴。尊曹操为帝,俯首称臣,亦可苟延残喘,苟活于世也",云云。

这是一道多选题,到底哪一个是最佳选项呢?这要看具体情况。

诸葛亮与孙权见面以后,"偷眼看孙权:碧眼紫髯,堂堂一表"。根据韩非子的进说心理学,诸葛亮心中分析道:"此人相貌非常,还是有点儿骨气的,肯定也知道羞耻。知耻而后勇,让他抗曹很有希望!"断定孙权"只可激，不可说"，据此确定基本话语策略："等他问时，用言激之便了。"

话语策略确定之后，接下来就是具体的方式方法问题，也就是"如何激"的问题，其中最关键的是"激点"的选择——孙权最在乎的是什么？诸葛亮选择了两个激点：权力和身份。为什么选择这两个激点呢？这是因为孙权虽然地处东南一隅，但也是王侯之尊。王侯最在乎的就是权力和地位。一旦屈膝投降，权力瞬间全无，地位也从王侯变为降臣，甚至成为奴隶，惨怜之极！

倘若孙权举全国之力拼死一战，玉石俱焚，虽死不辱：上无愧先祖，中无愧臣民，下无愧子孙。但是如果不战而降，甘心为奴，则既为不肖子孙，也必遭世人唾骂，还有何颜面苟活于世哉？

因此，当孙权向诸葛亮请教战与不战之策时，诸葛亮就回答说：行就战，不行就投降做臣子。孙权就问，那刘豫州为何不投降呢？此时，诸葛亮针对激点进行激将：田横一壮士尚且守义不辱，更何况刘豫州王室之胄，英才盖世，众士仰慕。其言外之意是：刘豫州地位很尊贵，受世人敬仰，绝不是庸才，也不是蠢材，更不是脓包！你孙权怎么能跟刘豫州相比呢？你孙权可以投降，我家刘豫州是坚决不投降的。刺激性比表面上的话语可强多了。而孙权正是听出了诸葛亮话语的弦外之音，所以勃然变色，怒气冲冲，才有"孔明欺吾太甚！"之语。孙权的自尊心和权势欲被诸葛亮的话语极大地激发起来——诸葛亮成功了！

由此例可以看出：话语目的决定话语策略，话语策略控制话语手段，而具体的交际对象和语境最终决定具体的话语手段的运用和转换。

观察上述激将诸例，虽然语境、话语双方和话语内容各不相同，但还是有共同之处的：

第一，激将者希望被激者发出一定的行为（包括言语行为），或者产生一定的变化。这是激将者的话语目的。

第二，说话人激将时针对的激点基本上都是被激者的尊重和自我实现的需求心理。

第三，激将手法引起的情绪多为否定的，也有肯定的，但一定是增力的，基本上都能有效地产生言后行为。

根据以上分析，我们可以推断出激将话语手段的语用特征：

第一，蓄意性。蓄意性是指说话人故意利用某一话语或言语行为去实现特定目的的一种意向性[①]。激将话语手段的蓄意性主要表现是：说话人为了让听话人发出一定的行为，实现某种话语效果，不直接陈事，而是故意运用刺激性话语，以听话人的自我需求为激点刺激听话人。

第二，隐含性。在激将话语手段运用中，说话人将真实话语意图隐藏，通过刺激性话语促使听话人更加肯定或否定自己话语行为实施的决心，不知不觉地向说话者的话语目的靠拢。听话人很难察觉说话人的真实意图。

第三，逆期待性。说话人向听话人输出的是字面意义的含义，但却期待听话人的话语理解方向与字面含义相反，从而符合或接近说话人的真实话语目的。也就是说，说话者对于听话者的期待并不是话语表面含义，而是话语的隐含义。

实施激将话语手段的关键是找到正确的激点，而一般情况下，激将的激点就是听话人的自我实现和尊重的需求心理，即自尊。日常生活中，人们都有被尊重和自我实现的需求心理，抓住这一点是实施激将话语手段的关键所在。

自尊是自我心理需求的重要组成部分，包括两个方面的内容：①自我尊重，即对自我实施积极面子行为。受到表扬、夸奖、肯定时，心理自我尊重的需求就得到了满足，心情就会开朗，每个人都有这种需求，这也是自尊的依据。②获得尊重的基础，知耻是重要的表现形式，真正有自尊心的人，必定会知道耻辱的，就如诸葛亮激孙权，把握住孙权的知耻而后勇，话语目的的实现就容易多了。

[①] 冉永平．人际冲突中有意冒犯性话语的语用分析[J]．外国语，2011（3）：49-55

三、激将的方式

每个人对自尊的需求不同,所以影响自尊的因素很多,也就是说激将话语手段所选择的激点要根据不同听话人的需求而选择,例如诸葛亮激司马懿、诸葛亮激周瑜都不可能是斥骂式,而是嘲讽式。这和诸葛亮、司马懿、周瑜的身份、气质以及语境因素都有关系。

根据激将话语方式和激点的选择,我们可以将激将话语手段归类为直贬式、抬高式、怜悯式、羞辱式、弃置式等。根据听话者的不同确定激点,如权位、身份、武功、本事、名气、女人、年龄、胆量、学问、钱财、家族、实力、容貌,等等。

(一)直贬式

激将者对激将对象以直陈的方式进行贬低,进行否定性评价。例如:

(148)高野:你其实是一个非常脆弱而胆小的人,到现在都不敢承认你自己做过的事情,就凭这一点,你还想在金三角称王称霸,你称个屁!你诺桑(莫雄原名)根本不是一个男人。你如果是一个男人的话,就不会让坎兰那么爱你的人受苦受累;你诺桑如果是一个男人的话,就不会让你自己的亲弟弟给你当替死鬼。你诺桑根本就不是个人,你就是一个王八蛋,就是一条狗,一天在 AE 面前摇头摆尾、给他舔屁股的狗。

诺桑:高野,我三年前就应该杀了你。

高野:你有胆吗?你个胆小鬼,到现在我都怀疑我的女儿是不是你杀的。

诺桑:你的女儿就是我杀的,她死的时候我在现场。

高野:那你有种就告诉我你是怎么杀的。

诺桑:有,我莫雄不仅杀死了你的女儿,我还杀了十三个中国人,这一切都是我干的,所有都是我干的,我莫雄是个有种的男人。

高野:到现在,你才像一个男人,非常感谢你能承认错误,可是你比我想的要脆弱得多,诺桑。(电视剧《湄公河惨案》第34集)

上例中,高野需要得到相关事件的真相,特别是诺桑的亲口承认。如何获得诺桑的亲口承认?高野对诺桑进行了激将,选择的激点是做人最低的要求——人格和人品。

高野从"脆弱胆小""不是男人""不是人"等方面表达对诺桑的看法,对诺桑的否定一步步加深,对诺桑的自尊心的刺激一步步加强,也就是尊重和自我实现的需要受到极大的挑战,这对于自尊心很强的诺桑来说,其效果是显而易见的。通过语境我们可以推理出其深层语义信息:在我看来你脆弱胆小,不是男人,不是人,根本不是我听说的那样,除非证明给我看。言外行为是挑衅。

贬低有时以嘲笑的话语来表现。我们先来看"孔明激司马懿"这个例子:

(149)孔明自引一军屯于五丈原,累令人搦战,魏兵只不出。孔明乃取巾帼并妇人缟素之服,盛于大盒之内,修书一封,遣人送至魏寨。诸将不敢隐蔽,引来使入见司马懿。懿对众启盒视之,内有巾帼妇人之衣,并书一封。懿拆视其书,略曰:"仲达既为大将,统领中原之众,不思披坚执锐,以决雌雄,乃甘窟守土巢,谨避刀箭,与妇人又何异哉?今遣人送巾帼素衣至,如不出战,可再拜而受之。倘耻心未泯,犹有男子胸襟,早与批回,依期赴敌。"司马懿看毕,心中大怒,乃佯笑曰:"孔明视我为妇人耶!"(罗贯中《三国演义》第一〇三回)

上例中,司马懿打算用消耗战,坚守不出,诸葛亮为了激其出战,选择"胆量"作为激点,送给司马懿女性服饰并修书以言语嘲讽:你司马懿身为大将主帅，居然胆小如鼠，不敢出战，学女人匿身闺房，做乌龟缩头不出，还有何颜面活在世上？当然，这次的激将法让司马懿非常生气，只可惜司马懿太过狡猾，识破了诸葛亮的计谋。

我们再来看另一个嘲笑贬低的例子：韦小宝笑激茅十八。

（150）茅十八连连摇头，道："从扬州到北京，路隔千里，官府又在悬赏捉我，一路上甚是凶险，我怎能带你？"韦小宝道："我早知道啦，你答应的事定要反悔。你带着我，官府容易捉到你，你自然不敢了。"茅十八大怒："我有什么不敢？"韦小宝道："那你就带我去。"茅十八道："带着你累赘得很。你又没跟你妈说过，她岂不挂念？"韦小宝道："我常常几天不回家，妈从来也不挂念。"茅十八一提马缰，纵马便行，说道："你小鬼头花样真多。"韦小宝大声道："你不敢带我去，因为你打不过鳌拜，怕我见到了丢脸！"茅十八怒火冲天，兜转马头，喝道："谁说我打不过鳌拜？"韦小宝道："你不敢带我去，自然因为怕我见到了你打输了的丑样。你给人家打得趴在地下，大叫'鳌拜老爷饶命，求求鳌拜大人饶了小人茅十八的狗命'，给我听到，羞也羞死了！"茅十八气得哇哇大叫，纵马冲将过来，一伸手，将韦小宝提将起来，横放鞍头，怒道："我带你去，且看是谁大叫饶命！"（金庸《鹿鼎记》第2章）

上例中，韦小宝针对茅十八选择的激点是武功、胆量、脸面，而且选得很准。茅十八果然中招，韦小宝激将得逞。

（二）抬高式

激将者通过抬高、夸大激将对象的相关者，间接贬低激将对象，刺激话语对象。例如：

（151）忽流星探马急报，言："孟达、霍峻守葭萌关，今被东川张鲁遣马超与杨柏、马岱领兵攻打甚急,救迟则关隘休矣。"玄德大惊。孔明曰:"须是张、赵二将,方可与敌。"玄德曰:"子龙引兵在外未回。翼德已在此,可急遣之。"孔明曰:"主公且勿言,容亮激之。"

却说张飞闻马超攻关,大叫而入曰:"辞了哥哥,便去战马超也!"孔明佯作不闻,对玄德曰:"今马超侵犯关隘,无人可敌;除非往荆州取关云长来,方可与敌。"张飞曰:"军师何故小觑吾!吾曾独拒曹操百万之兵,岂愁马超一匹夫乎!"孔明曰:"翼德拒水断桥,此因曹操不知虚实耳;若知虚实,将军岂得无事?今马超之勇,天下皆知,渭桥六战,杀得曹操割须弃袍,几乎丧命,非等闲之比。云长且未必可胜。"飞曰:"我只今便去;如胜不得马超,甘当军令!"孔明曰:"既尔肯写文书,便为先锋。"(罗贯中《三国演义》第六十五回)

张飞听说马超攻关,大声喊叫着要求出战,而诸葛亮却假装没有听见,只是对刘备说马超智勇双全,无人能敌,除非往荆州唤云长来,方能对敌。张飞随即提起自己当阳桥抗拒曹军之事,诸葛亮则反驳说你在当阳拒水断桥,是因为曹操不知虚实,他若知道虚实,你岂能占到便宜?同时再次夸赞马超英勇无比,他渭桥之战差点杀了曹操,我看就是云长来了也未必能胜得了他。诸葛亮选择的激点是武功、名气,用的方法是抬高式,抬高马超,间接贬低张飞,以激发张飞的斗志。

再看下例:

(152)孔明笑曰:"张郃乃魏之名将,非等闲可及,除非翼德,无人可当。"忽一人厉声而出曰:"军师何轻视众人耶!吾虽不才,愿斩张郃首级,献于麾下。"众视之,乃老将黄忠也。孔明曰:"汉升虽勇,争奈年老,恐非张郃对手。"忠听了,白发倒竖而言曰:"某虽老,两臂尚开三石之弓,浑身还有千斤之力,岂不足敌张郃

143

匹夫耶!"孔明曰:"将军年近七十,如何不老?"忠趋步下堂,取架上大刀,轮动如飞;壁上硬弓,连拽折两张。孔明曰:"将军要去,谁为副将?"忠曰:"老将严颜,可同我去。但有疏虞,先纳下这白头。"(罗贯中《三国演义》第七十回)

上例中,诸葛亮为了激起黄忠的斗志和能力,既用了抬高式,夸大张郃、抬高张飞,也用了直贬式,选择黄忠的年龄、能力作为激点:"汉升虽勇,争奈年老,恐非张郃对手。""将军年近七十,如何不老?"两种手法先后使用,高度激发了黄忠老将不服输的自尊心,立下了必胜的决心。

(三)怜悯式

怜悯式激将是用话语对话语对象表示怜悯。而怜悯一般是高权势者对低权势者的行为,怜悯之中往往包含着轻视、小看的成分。当被激者体会到怜悯话语中的轻视和高高在上的态度,也会被激发出激烈的情绪,爆发出强大的力量。我们来看下面这个例子:

(153)加练,又继续下去了。

不知是喘息了一会儿,还是来了一股邪劲,招娣练得完全忘我了。

袁伟民见她那么奋不顾身地扑救来球,就笑着说:"招娣,可以减掉几个!"

招娣用泪眼瞪了瞪他,发狠地说:"不要你慈悲!"

袁伟民的话,其实也是一种激将法,因为他深知招娣的性格。

她终于以惊人的毅力,垫起了十五个球。(鲁光《中国姑娘》)

上例中,袁伟民选择的激点是性格——陈招娣的自尊心极强,采用的方式是怜悯式。"招娣,可以减掉几个!"这句话表面上看好像是一种关心和体贴,但是在招娣看来,教练的话语深层语义是"招娣,你要是不行我可以给你减掉几个"。对于自尊心极强的招娣来说,这无疑是一种耻辱性的施舍。因此,她才爆发出惊人的毅力,完成了训练任务。

(四) 羞辱式

羞辱式激将是用话语对话语对象进行侮辱、斥骂等,以达到一定的话语目的。当一个人受到羞辱时,他的自尊心、形象、社会影响都受到极大的伤害,从而激发出强烈的反击欲望和相应的报复行为。而这些正是激将者所期望的。我们先来看一个羞辱式激将的例子:诸葛亮激周瑜。

(154) 孔明曰:"愚有一计,并不劳牵羊担酒,纳土献印,亦不须亲自渡江;只需遣一介之使,扁舟送两个人到江上。操一得此两人,百万之众,皆卸甲卷旗而退矣。"瑜曰:"用何二人,可退操兵?"孔明曰:"……操曾发誓曰:'吾一愿扫平四海,以成帝业;一愿得江东二乔,置之铜雀台,以乐晚年,虽死无恨矣。'今虽引百万之众,虎视江南,其实为此二女也。将军何不去寻乔公,以千金买此二女,差人送与曹操,操得二女,称心满意,必班师矣。此范蠡献西施之计,何不速为之?"瑜曰:"操欲得二乔,有何证验?"孔明曰:"曹操幼子曹植,字子建,下笔成文。操尝命作一赋,名曰《铜雀台赋》。赋中之意,单道他家合为天子,誓取二乔。"瑜曰:"此赋公能记否?"孔明曰:"吾爱其文华美,尝窃记之。"瑜曰:"试请一诵。"孔明即时诵《铜雀台赋》云:

"从明后以嬉游兮,登层台以娱情。……揽二乔于东南兮,乐朝夕之与共。……愿斯台之永固兮,乐终古而未央。"

周瑜听罢,勃然大怒,离座指北而骂也:"老贼欺吾太甚!"孔明急起止之曰:"昔单于屡侵疆界,汉天子许以公主和亲,今何惜民间二女乎?"瑜曰:"公有所不知:大乔是孙伯符将军主妇,小乔乃瑜之妻也。"孔明佯作惶恐之状曰:"亮实不知。失口乱言,死罪死罪。"瑜曰:"吾与老贼誓不两立!"(罗贯中《三国演义》第四十四回)

上例中，诸葛亮和周瑜玩了一次智力游戏。其实二人都主战，比的是看谁先说出来。诸葛亮选择周瑜最自负、最得意之处作为激点：娇妻（东吴之国色），而且还要周瑜仿效汉天子和亲。这对于周瑜来讲，真是奇耻大辱！盛怒之下，摊出了底牌：吾与老贼势不两立！

再看下例：彭和尚激丁敏君。

（155）彭和尚深通世情，知道普天下女子的心意，不论她是丑是美，你若骂她容貌难看，她非恨你切骨不可，他眼见情势危急，便随口胡诌，给她（丁敏君）取了个"毒手无盐"的诨号，盼她大怒之下，转来对付自己，纪晓芙便可乘机脱逃，至少也能设法包扎伤口。但丁敏君暗想待我杀了纪晓芙，还怕你这臭和尚逃到哪里去？是以对他的辱骂竟是充耳不闻。

彭和尚又朗声道："纪女侠冰清玉洁，江湖上谁不知闻？可是'毒手无盐丁敏君'却偏偏自作多情，妄想去勾搭人家武当派殷梨亭。殷梨亭不来睬你，你自然想加害纪女侠。哈哈，你颧骨这么高，嘴巴大得像血盆，焦黄的脸皮，身子却又像根竹竿，人家英俊潇洒的殷六侠怎会瞧得上眼？你也不自己照照镜子，便三番四次地向人家乱抛媚眼……"

丁敏君只听得恼怒欲狂，一个箭步纵到彭和尚身前，挺剑便往他嘴中刺去。丁敏君颧骨确实微高，嘴非樱桃小口，皮色不够白皙，又生就一副长挑身材，这一些微嫌美中不足之处，她自己的确常感不快，可是旁人若非细看，本是不易发觉。岂知彭和尚目光敏锐，非但看了出来，更加油添酱、夸大其词地胡说一通，却叫她如何不怒？（金庸《倚天屠龙记》第2集）

纪晓芙因同情明教中人而与本派丁敏君撕破脸，且已受伤，丁敏君欲杀纪晓芙灭口，彭和尚也受伤不能动弹，情势非常危急。极端时刻要使用极端手段。为了引开丁敏君，救下纪晓芙，彭和尚选择了女性最看重的容貌和品行作为激点,并且加以编造夸大,用辱骂、斥责、嘲弄的方式说出,使激将的效果达到极致。

(五)弃置式

人是生活在人的群体和社会中的。每个人都希望能够更好地融入集体和社会,并引起别人、集体、社会的关注,与集体和社会一起前进。一个人如果一旦被集体、社会弃置,那么这个人的自尊心、个人形象、社会地位都会有极大的影响。这时候,这个被弃置者就有可能激发出相应的情绪和能量。由被弃置到激发,这就是弃置式激将的产生效果的机制。

弃置式激将的话语语义基本上是放弃、不理、无奈,态度一般是冷漠、轻视。

我们来看一个例子:

(156)今天,杨锡兰要撂挑子了。他(袁伟民)决心要扭转她的情绪,重新鼓起她的雄心壮志。

"你真的不想干了?那好呀,你就回'八一'队吧!"他望望杨锡兰,冷冷地说。

杨锡兰有几分吃惊,指导今儿是怎么啦,既不剋几句,也不安抚几句,就这么痛快同意自己走了。她用疑惑不解的眼神直愣愣地望着他。(鲁光《中国姑娘》)

上例中,教练对杨锡兰说:"你真的不想干了?那好呀,你就回'八一'队吧!"表面上看,似乎教练已经灰心丧气,对杨锡兰态度很冷淡。这句话给杨锡兰很强的弃置感,激发起杨锡兰强烈的自尊心。教练趁热打铁,经过一番工作,杨锡兰认识到了自己的问题,终于鼓足勇气,战胜困难。

弃置式激将对于性格倔强的人比较有效,比较容易达到话语目的。我国女排国手张蓉芳(小名毛毛)也是个犟丫头,所以对弃置式激将很敏感。请看下例:

（157）毛毛犟着不动。

袁伟民问："想不想练？不想练就下去吧！想通了再练！"

下去？偏不下！（鲁光《中国姑娘》）

作为一个国家队运动员，如果被教练员赶下训练场，那离被淘汰就不远了。而且袁伟民的话说得很强硬："想不想练？不想练就下去吧！想通了再练！"言下之意很明确：想不通就不要练了！袁伟民之所以敢对毛毛使用弃置式激将，是因为他相信倔强的毛毛绝不会甘心被弃置，更不甘心离开中国女排！

下面是日常生活中常见的弃置性激将话语：

反正你是不行了。/有你没你无所谓。/你就是提不起来的猪大肠，扶不起的阿斗！/我看你就是烂泥扶不上墙，不是那块料！/你要走没人留你！死了张屠夫，不吃带毛猪！

（六）激将方式的综合运用

激将方式综合运用的情况并不多见，但也不是没有。性格直率、情绪暴躁之人容易受激，像爆竹一样一点就着；而情绪稳定、性格内向之人对激将则有一定的，甚至很强的抵抗力。遇到这样的话语对象，激将者就会尝试运用各种不同的激将法（或者配合使用其他的话语手段）。这种情况下，激将方式和激将话语的情况就不那么单一了。这就是激将方式综合运用的情况，即两种或两种以上的激将方式配合使用，以求实现预期的话语目的。

我们来看一个例子：梅庄四友激任我行。

（158）黄钟公对着那（铁门上的）方孔朗声道："任先生，黄钟公四兄弟拜访你来了。"

黄钟公又道："任先生，我们久疏拜候，甚是歉疚，今日特来告知一件大事。"

室内一个浓重的声音骂道："去你妈的大事小事！有狗屁就

放，如没屁放，快给我滚得远远的！"

黄钟公道："先前我们只道当今之世，剑法之高，自以任先生为第一，岂知大谬不然。今日有一人来到梅庄，我们四兄弟固不是敌手，任先生的剑法和他一比，那也是有如小巫见大巫了。"

令狐冲心道："原来他是以言语相激，要那人和我比剑。"

那人哈哈大笑，说道："你们四个狗杂种斗不过人家，便激他来和我比剑，想让我为你们四个混蛋料理强敌，是不是？哈哈，打的倒是如意算盘，只可惜我十多年不动剑，剑法早忘得干干净净了。操你奶奶的王八羔子，夹着尾巴快给我滚罢。"

令狐冲心下骇然："此人机智无比，料事如神，一听黄钟公之言，便已算到。"

秃笔翁道："大哥，任先生绝不是此人敌手。那人说梅庄之中没人胜得过他，这句话原是不错的。咱们不用跟任先生多说了。"

那姓任的喝道："你激我有什么用？姓任的难道还能为你们这四个小杂种办事？"

秃笔翁道："此人剑法得自华山派风清扬风老先生真传。大哥，听说任先生当年纵横江湖，天不怕，地不怕，就只怕风老先生一个。任先生有个外号，叫什么'望风而逃'。这个'风'字，便是指风清扬风老先生而言，这话可真？"那姓任的哇哇大叫，骂道："放屁，放屁，臭不可当！"

丹青生道："三哥错了。"秃笔翁道："怎地错了？"丹青生道："你说错了一个字。任先生的外号不是叫'望风而逃'，而是叫'闻风而逃'。你想，任先生如望见了风老先生，二人相距已不甚远，风老先生还容得他逃走吗？只有一听到风老先生的名字，立即拔足便奔，急急如丧家之犬……"秃笔翁接口道："忙忙似漏网之鱼！"丹青生道："这才得保首领，直至今日啊。"

那姓任的不怒反笑，说道："四个臭混蛋给人家逼得走投无路，无可奈何，这才想到来求老夫出手。操你奶奶，老夫要是中了你们的诡计，那也不姓任了。"

黄钟公叹了口气，道："风兄弟，这位任先生一听到你这个'风'字，已然魂飞魄散，心胆俱裂。这剑不用比了，我们承认你是当世剑法第一人便是。"（金庸《笑傲江湖》第二卷）

此次激将梅庄四友虽然连续采用了直贬式、抬高式、羞辱式、弃置式多种激将方式，但显然没有达到预期的效果，究其原因，梅庄四友只是注意选择激点——剑法、名气，却忽略了激将对象的因素——任我行：久历江湖，见多识广；为人坚忍，胸有主张。任我行对激将有很强的抵抗力，不会轻易被激发的。

第三节 小结

心理学将人际关系定义为人们在过程中所建立的一种心理联系，具有个体性和直接性的特点，在具体组织实施过程中，要遵循相互性原则、交换性原则、平等原则、相容原则、信任原则和自我保护原则。其中，自我保护原则指的是自我价值的实现，是一种自我支持倾向的心理活动，其主要目的是防止或避免自我价值受到怀疑、否定、嘲弄和贬低。通常情况下，自我价值要依赖他人评价来实现，他人评价对个体的心理活动影响较大。所以，在交际中，说话者对肯定自我价值的交际者表示欢迎和接纳，或者会给予认同和支持，相反，对否定自我价值的交际者表示反感甚至抵触，此时否定自我价值的话语很可能激起说话者自我价值保护的动机。

金无足赤，人无完人。世间很少完美的人。每个人都有自己的特长，也都有自己的不足。这些不足在一定的情境中，很可能成为别人的攻击之处。而激将就是寻找话语对象的软肋（就是本文所说的激点）进行攻击的话语手段。这种攻击的目的不是要打垮攻击对象，相反，而是要攻击对象在受到攻击后产生增力情绪，并做出相应的（一般是积极的）反应。这也正是自我价值保护原则的体现。

增力是激将的话语手段的重要目的，成功的激将后效都是增力的；但也可能会减力，成为失效的激将。因此，在使用激将话语手段前，除了激点的选择，社会因素、语言因素、语境因素都是极其重要的考虑点。

激将手段使用的社会因素主要是权势度。一般来说，父母激儿女常见，而儿女激父母少见；上级激下级常见，下级激上级少见；老师激学生常见，学生激老师少见；教练激运动员常见，运动员激教练少见，如此等等。此外，权势度的不同，也会直接影响到话语权的大小，对于激将方式和激将话语也有较为直接的影响。

激将手段使用的语言因素主要是话语的语气、语态（话语态度）和语义内容。激将方式的分类就是主要参考这些因素进行的。

激将手段使用的语境因素主要是话语对象。激将的适用对象几乎都是自尊、自强且性格刚强之人。具有这样性格的人，基本上都具有这样的表现："知耻而后勇""知不足而自反也"。所以，在运用激将手段的时候，首先要明确话语对象的情况，然后根据话语对象选择激点，最后根据语境的具体情况设计、组织激将话语。激将话语手段的运用是话语方式、激点、语境、心理的综合分析和运用。

【第九章】
汉语话语手段的综合运用及个案研究

第九章　汉语话语手段的综合运用及个案研究

第四至八章分别对狠话、子矛攻子盾、拍马、留白、激将五种话语手段进行了系统的分析，但就话语手段而言，以上列举内容只是沧海一粟，还有很多有待挖掘。另外，话语手段的运用往往不是单个的存在，而是多种话语手段的综合运用或一种话语手段的多次运用。本章选择了两个个案，一个是古代的，来自《史记·廉颇蔺相如列传》；另一个是现代的，选自周梅森的《人民的名义》，旨在通过分析汉语话语手段在交际中的运用状况，进行详细的考察和探究。

第一节　古代汉语话语交际中话语手段运用状况的个案研究

一、古代汉语话语交际状况简述

古代汉语的话语交际水平可以说是举世无双。春秋时期的外交辞令，战国时期的纵横游说之辞，都刚柔并济，利弊剖析，精彩频现，如星空灿烂；其间诸子学说纷呈，先贤话语载道载理，如日月辉耀。孔子之语因材施教，针对性强，极富启发；孟子政论中善用譬喻类比，子矛攻子盾，攻对手之要害；墨子论兼爱，类比恰当、逻辑严密，令对手叹服；晏子外交理政，辞令机智诙谐，妙用无穷。如此等等，不一而足。

战国七雄争霸，苏秦张仪之辈通行各国，说客辩士各施纵横之术，巧舌如簧，言动君王，谋构合纵连横之局。秦汉时期，风云变幻，良谏切论，纷纭呈现。如李斯之《谏逐客》，韩信之纵论天下大势，汉昭帝盐铁之国论，等等。三国时期，三雄鼎立，英俊各为其主，群星灿烂。如蜀之诸葛、秦宓，魏之郭嘉、司马，吴之鲁肃、陆逊等等。魏晋以降，乃至隋唐宋元明清，历代均有话语高手，形成灿烂星河！

上述关于我国古代话语交际状况的概述绝非虚构，《春秋左传》《战国策》、诸子之书、《史记》《汉书》《后汉书》、汉代刘向的《说苑》、陈寿的《三国志》、刘义庆的《世说新语》及各代史书均有记述。我国古代话语交际是一个大宝库，等待着我们去开发、研究。

二、个案研究：《史记·廉颇蔺相如列传》[①]

（159）于是（赵惠文）王召见，问蔺相如曰："秦王以十五城请易寡人之璧，可予不？"相如曰："秦强而赵弱，不可不许。"王曰："取吾璧，不予我城，奈何？"相如曰："秦以城求璧而赵不许，曲在赵。赵予璧而秦不予赵城，曲在秦。均之二策，宁许以负秦曲。"王曰："谁可使者？"相如曰："王必无人，臣愿奉璧往使。城入赵而璧留秦；城不入，臣请完璧归赵。"赵王于是遂遣相如奉璧西入秦。

蔺相如的话语"秦强而赵弱，不可不许""秦以城求璧而赵不许，曲在赵。赵予璧而秦不予赵城，曲在秦。均之二策，宁许以负秦曲"既是情势分析，也是话语背景分析。"均之二策，宁许以负秦曲"则是话语策略的确定。"臣愿奉璧往使。城入赵而璧留秦；城不入，臣请完璧归赵"则确定了此次外交的目的（也是话语交际目的）。

---

① 古代散文选：上册[M]. 北京：人民教育出版社，1980：206-213.

（160）秦王坐章台见相如，相如奉璧奏秦王。秦王大喜，传以示美人及左右，左右皆呼万岁。相如视秦王无意偿赵城，乃前曰："璧有瑕，请指示王。"……秦王恐其破璧，乃辞谢固请，召有司案图，指从此以往十五都予赵。

"相如视秦王无意偿赵城"，为了取得话语的主动权，必须取回玉璧（这是目的）。如何取回玉璧？需要采用一定的话语策略。摆在蔺相如面前有三种方法：一是强求。但是在弱势地位上的蔺相如很难强行拿回玉璧。二是哀求。但是这无疑会助长秦王的气焰，反而更难以取回玉璧。三是诓骗。就当时情境而言，这是最佳手段。蔺相如实施了这一话语手段并取得了成功。

蔺相如取回玉璧的目的并不是简单地把玉璧拿在自己手里，而是要揭露秦王的虚伪嘴脸。请看：

（161）王授璧，相如因持璧却立，倚柱，怒发上冲冠，谓秦王曰："大王欲得璧，使人发书至赵王，赵王悉召群臣议，皆曰'秦贪，负其强，以空言求璧，偿城恐不可得'。议不欲予秦璧。臣以为布衣之交尚不相欺，况大国乎！且以一璧之故逆强秦之欢，不可。于是赵王乃斋戒五日，使臣奉璧，拜送书于庭。何者？严大国之威以修敬也。今臣至，大王见臣列观，礼节甚倨；得璧，传之美人，以戏弄臣。臣观大王无意偿赵王城邑，故臣复取璧。大王必欲急臣，臣头今与璧俱碎于柱矣！"相如持其璧睨柱，欲以击柱。

相如的话首先说明赵国君臣的实情：有担忧，怕受骗；继而言赵国也有诚意。为什么？因为相信道理自在人间："布衣之交尚不相欺，况大国乎！且以一璧之故逆强秦之欢，不可。"（此乃摆事实讲道理中的"讲道理"之法）接下来，相如坦述赵国之诚意所为，明斥秦方之虚伪："于是赵王乃斋戒五日，使臣奉璧，拜送书于庭。何者？严大国之威以修敬也。今臣至，大王见臣列观,礼节甚倨;得璧,传之美人,以戏弄臣。臣观大王无意偿赵王城邑,故臣复取璧。"(此乃摆事实讲道理中的"摆事实"之法)最后,为了表示自己捍卫赵国尊严的决心,蔺相如使用了"狠话"手段:"大王必欲急臣,臣头今与璧俱碎于柱矣!"

相如的"狠话"成功了。请看话语效果:

秦王恐其破璧,乃辞谢固请,召有司案图,指从此以往十五都予赵。

但是,相如当时仍然身在虎穴。为了争取时间,相如采用了"缓兵之计"的策略,用"提条件"的话语手段实施。请看原文:

(162)相如度秦王特以诈佯为予赵城,实不可得,乃谓秦王曰:"和氏璧,天下所共传宝也,赵王恐,不敢不献。赵王送璧时,斋戒五日,今大王亦宜斋戒五日,设九宾于廷,臣乃敢上璧。"秦王度之,终不可强夺,遂许斋五日,舍相如广成传舍。

时间争取到了,相如就有了腾挪的余地,于是迅速行动:

相如度秦王虽斋,决负约不偿城,乃使其从者衣褐,怀其璧,从径道亡,归璧于赵。

终于到了摊牌的时候了:

(163)秦王斋五日后,乃设九宾礼于廷,引赵使者蔺相如。相如至,谓秦王曰:"秦自缪公以来二十余君,未尝有坚明约束者也。"

相如仍然采用"摆事实"之法,揭示秦国历代君主均是无信之徒!面对历代诈骗之国,自己岂能轻易受骗?

> 臣诚恐见欺于王而负赵,故令人持璧归,间至赵矣。

相如此乃"交底"之法,目的就是断了对方的念想!

> 且秦强而赵弱,大王遣一介之使至赵,赵立奉璧来。今以秦之强而先割十五都予赵,赵岂敢留璧而得罪于大王乎?

相如此言,乃是两不相欺,公平合理。此乃"堵漏洞"之法。

> 臣知欺大王之罪当诛,臣请就汤镬,唯大王与群臣孰计议之。

此乃相如把"狠话"和"吊胃口"之法综合运用,让秦王左右为难。结果是,相如的话语手段奏效。请看下文:

> 秦王与群臣相视而嘻。左右或欲引相如去,秦王因曰:"今杀相如,终不能得璧也,而绝秦赵之欢,不如因而厚遇之,使归赵,赵王岂以一璧之故欺秦邪!"卒廷见相如,毕礼而归之。
>
> 相如既归,赵王以为贤大夫,使不辱于诸侯,拜相如为上大夫。秦亦不以城予赵,赵亦终不予秦璧。

最后,蔺相如赢了!蔺相如的胜利除了因为他有过人的胆识、超人的智慧外,其运用的话语手段也是功不可没。

再看"渑池会"上的话语交际状况:

(164)其后秦伐赵,拔石城。明年,复攻赵,杀二万人。

> 秦王使使者告赵王,欲与王为好,会于西河外渑池。赵王畏秦,欲毋行。廉颇、蔺相如计曰:"王不行,示赵弱且怯也。"赵王遂行,相如从。廉颇送至境,与王诀曰:"王行,度道里会遇之礼毕,还,不过三十日。三十日不还,则请立太子为王,以绝秦望。"王许之。

以上乃"渑池会"前之背景。赵国宁为玉碎，不为瓦全！勇哉壮哉！

（165）（赵王）遂与秦王会渑池。秦王饮酒酣，曰："寡人窃闻赵王好音，请奏瑟。"赵王鼓瑟。秦御史前书曰"某年月日，秦王与赵王会饮，令赵王鼓瑟"。蔺相如前曰："赵王窃闻秦王善为秦声，请奉盆缶秦王，以相娱乐。"

相如针锋相对，此乃子矛攻子盾之法！

秦王怒，不许。于是相如前进缶，因跪请秦王。秦王不肯击缶。相如曰："五步之内，相如请得以颈血溅大王矣！"

相如此乃"狠话"之法。说白了：你不击缶，我就跟你拼命！

左右欲刃相如，相如张目叱之，左右皆靡。于是秦王不怿，为一击缶。相如顾召赵御史书曰"某年月日，秦王为赵王击缶"。

相如此法乃"如法炮制"，也是子矛攻子盾。

秦之群臣曰："请以赵十五城为秦王寿。"蔺相如亦曰："请以秦之咸阳为赵王寿。"

相如之语，既是针锋相对，也是子矛攻子盾。

秦王竟酒，终不能加胜于赵。

此乃话语后果，也是赵国确定的目的。

赵亦盛设兵以待秦，秦不敢动。

再看"将相和"之话语状况及其分析。

（166）既罢归国，以相如功大，拜为上卿，位在廉颇之右。廉颇曰："我为赵将，有攻城野战之大功，而蔺相如徒以口舌为劳，而位居我上，且相如素贱人，吾羞，不忍为之下！"宣言曰："我见相如，必辱之。"相如闻，不肯与会。相如每朝时，常称病，不欲与廉颇争列。已而相如出，望见廉颇，相如引车避匿。

此乃将相和之话语背景。

于是舍人相与谏曰："臣所以去亲戚而事君者，徒慕君之高义也。今君与廉颇同列，廉君宣恶言，而君畏匿之，恐惧殊甚，且庸人尚羞之，况于将相乎！臣等不肖，请辞去。"蔺相如固止之，曰："公之视廉将军孰与秦王？"曰："不若也。"相如曰："夫以秦王之威，而相如廷叱之，辱其群臣。相如虽驽，独畏廉将军哉？"

相如通过比较之法，明白有力地说明自己并不惧怕廉颇将军。

顾吾念之，强秦之所以不敢加兵于赵者，徒以吾两人在也。今两虎共斗，其势不俱生。吾所以为此者，以先国家之急而后私仇也。

相如坦言心中所念，此乃讲道理之法，而且是讲大道理，关乎国家命运！相如所讲道理也非常易懂：两虎相斗，势不俱生，必危及国家！

廉颇闻之，肉袒负荆，因宾客至蔺相如门谢罪。曰："鄙贱之人，不知将军宽之至此也！"卒相与欢，为刎颈之交。

廉颇将军不愧为古之良将，赵之贤臣，蔺相如之知音也！

从以上例子可以看出，蔺相如具有高超的外交艺术，对丰富的话语手段运用自如，值得我们深入研究总结。

第二节 现代汉语话语交际中话语手段运用状况的个案研究

一、我国现代话语交际状况简述

现代汉语话语交际的情况较之于古代，有过之而无不及。我国的外交、经贸、教育、法律、新闻等战线和部门出现了数不清的外交家、谈判专家、特级教师、金牌律师、金话筒名嘴，等等。这些人几乎无一例外的都是话语交际的高手，尤其是周恩来总理的外交艺术和话语艺术，更是举国赞颂，享誉世界。总之，现代话语交际也是一个大宝藏。

外国人和中国人进行话语交际后一般都有两个感觉：一是中国人说话花样太多；二是中国人说话拐弯抹角，所以汉语听起来很费劲儿。外国人认为中国人说话花样太多，那是因为中国人在话语交际中使用了多样的话语手段；外国人认为中国人说话拐弯抹角，那是因为汉语在话语交际时不仅使用了多样的话语手段，而且话语语义的表达不是直接的，而是含蓄的，委婉的。外国人要想和中国人进行顺畅的、成功的话语交际，那么对汉语话语手段的了解和掌握就是必要的。

二、个案研究：侯亮平审刘新建[①]

（167）这夜，侯亮平和陆亦可再次连夜加班，赶到审讯指挥中心突击审讯刘新建。侯亮平很清楚，一张黑色的大网罩在自己头上，随时有可能落下来。他必须和这张黑网抢时间，这是一场关系

[①] 周梅森．人民的名义 [M]．北京：北京十月文艺出版社，2017：282-290．

全局的百米赛跑。

刘新建在受审席上一坐下就抱怨:"你们检察院就喜欢夜里审问!"

"没办法,上面催得紧啊!"侯亮平以此暗示,这个案子是受到了高层关注的。话题一转,他语调又变得轻松起来:"刘总,咱们开始吧!你看,是接着陆处长上次提的问题谈呢,还是接着咱们上次的话题聊?"

刘新建一时有点蒙:"侯局长,咱们上次是什么话题?"

侯亮平笑:"一个幽灵,共产主义的幽灵在欧洲游荡……"

刘新建有了些小兴奋:"哦,你又想听我背《共产党宣言》了?"

"不,是想帮你找回失去的灵魂!想一想吧,刘总,你在哪里失去了灵魂啊?"侯亮平在刘新建面前踱着步。"你出身于军区大院,是在军号声和队列歌声中长大的。以后读军校,下部队,三十岁前几乎没离开过军营,得到的关爱远超同龄人。"说到这里,侯亮平脸上浮现羡慕之情。"我家曾经也在一个军事单位旁边,你听到的军号声和队列歌声,我小时候也常听到,那些熟悉的旋律至今还在我耳边回响。区别在于你在大院内,我在大院外。"刘新建面有得色:"当时大院外的孩子最羡慕我们大院内的孩子了。尤其是男孩,哪个男孩没做过军人梦啊!说罢叹了口气:但是,军人梦后来就不行了,尤其是搞市场经济以后……"

侯亮平道:"可你机遇不错呀,这边一搞市场经济,那边就被省委书记兼省军区第一政委的赵立春看上。赵书记点名把你调进了省委机关,让多少转业军人羡慕到如今!"刘新建深有感触:"赵书记改变了我的人生,对我有知遇之恩啊!跟赵书记只有五年,我就从副营职转业军人,连续破格升职为副厅级的省委办公厅副主任兼秘书一处处长。上副厅时,我才三十六岁,是全省最年轻的几个厅局级之一。"

侯亮平面容严峻起来："赵书记对你有知遇之恩，所以你一直想报答赵书记，是不是？尤其你又是军人出身，报恩情节就更重了，这没错吧？"刘新建点头："没错，中国传统不就讲究知恩图报嘛！我可不是李达康，不能六亲不认。李达康太爱惜羽毛，历任秘书中，赵书记最讨厌的就是他了……哦，算了，不说他了！"侯亮平话锋直指刘新建要害："那就说你！刘总，你不爱惜羽毛，为了报恩，你甚至不怕掉进污水坑里——你做了省油气集团董事长兼总裁以后都干了些啥呀？"

刘新建显然受到了触动，怔怔地望着侯亮平，一时回不上话来。

侯亮平痛心疾首："刘总，刘新建啊，你出身于一个红色家庭，你的前辈中有的人为了国家独立民族解放流血牺牲；有的人视金钱如粪土，捐输巨额资金支持革命。正因为有了他们，才有了这个新中国！而你倒好，为了报答某个人的所谓恩情，就挖起国家的墙脚，就把省油气集团这么一个国有企业变成了赵家的提款机！你好意思吗？"

此时背景有了变化。

这时，耳麦里响起了检察长季昌明的声音："亮平，停止审讯！请出来一下。"侯亮平知道，季昌明和另一位副检察长正在检察院的指挥中心监看这场重要审讯，在这个节骨眼上突然叫停，肯定出了大事！侯亮平心里不禁一沉，也许黑网掉下了？

而偏在这时候，情况起了变化。

刘新建心理防线松动了，叹息说："侯局长，你今天的话说到我心坎里了，只可惜说得太晚了！你要是早点和我说，我哪会有今天啊？"

"我早几年和你说，你听得进去吗？有了今天，就得正确对待。你是军人出身,受党教育多年,我相信,你起码的觉悟还是有的!你不要再把各级组织对你的培养,看成某个人的恩情了,更不能把中共H省委当成梁山忠义堂,把前任省委书记赵立春当忠义堂堂主啊……"

下面是背景情况。

耳麦里再次传来季昌明的声音:"亮平同志,请你出来一下!"

指挥中心的命令必须执行。侯亮平示意陆亦可继续审讯,自己不动声色地离开审讯室,和季昌明通话:"怎么回事啊,季检?你们都看到了,现在情况很好,也许马上就能突破了!为什么让我停下来?"

季昌明告诉侯亮平一个非同寻常的情况——省委书记沙瑞金亲自打来电话,要求暂停他的工作,调查一个实名举报。但是谁举报了他,又是什么事实,季昌明没说,也不能说,这老季嘴严得很。

侯亮平仿佛一下子掉在冰窖里,呆住了。他没想到省委书记沙瑞金会亲自出面在这种时候停他的职!难道声称反腐上不封顶下不保底的省委书记也有不能触碰的底牌吗?要不就是他那位高老师的政治手段太厉害,借力打力?高老师怎么能请动沙瑞金这尊大神的?这实在太让学生瞠目结舌了!怎么办?侯亮平蒙了,一时想不出应对之策。

关键时刻季昌明还是有数的,声音平静而坚定:"省委的指示必须执行,你现在已经接到指示,并且停止了对刘新建的审讯,是不是?"

侯亮平一下子明白了:"季检,我应该在一小时后接到指示啊!"

季昌明说:"三十分钟吧,我这就按沙瑞金书记的要求,去高书记那儿汇报研究,我从检察院赶到省委最多三十分钟,所以你只有三十分钟的时间！"季昌明的声音严肃甚至严厉，让他感到沉甸甸的分量。

侯亮平没再多说："好，那就三十分钟！"说罢，回到了审讯室。

下面的内容是季昌明向高育良汇报情况。略写。

审讯室里，侯亮平的攻坚战也不轻松。一说到具体问题，刘新建又沉默起来。侯亮平看着对面的电子钟，心急如焚。要知道这一分一秒都是季昌明冒着政治风险为他争取的，耽误不起啊！但他没露出任何声色，表情平静，连陆亦可也看不出他心里正经历着的这一场风暴。

侯亮平和颜悦色地对刘新建说："刘总，你刚才还说呢，我有些话要是早和你说了，你就不至于有今天了。那我就告诉你，现在我和你说的话你不听，恐怕哪天又要后悔了！今天咱们聊得挺好，我也和你交个底。我们对你和油气集团的调查意见全面铺开，时刻都会有进展，你就是一句话不说，我们最终也会零口供定你的罪！但是，刘总啊，如果让我们零口供定了罪，你就失去了一个量刑时从轻的机会啊！"

刘新建抹了一把汗，终于开了口："侯局长，那我说，我说……"

据刘新建供述："为了替员工搞福利，他从2009年开始，批准财务公司把账上暂时用不着的流动资金，陆续借给了省内一些民营和股份制企业搞过桥贷款。五年来，经他批准，累计私分了过桥利息六千多万，他和班子成员每人分了大约几十万至上百万。对问题清单上的澳门赌博问题也有了解释，说是被一家民营公司的老总偶然拉去的，虽说一夜输了八百多万，但都是那家民营公司出的钱。"侯亮平及时指出亮点："那家民营公司的老总是赵瑞龙吧？"刘新建略一迟疑，承认了。

这才是核心问题，也是对手的底牌！他和季昌明今夜冒险拼命一搏，就是希望在此点上有所突破。"刘总啊，请说说赵瑞龙的公司吧！"

刘新建显然早有防范："这你们得去问赵瑞龙，我就说我自己！"

侯亮平逼视着刘新建，目光如炬："刘总，还在讲哥们儿义气吗？哥们儿义气可是害死人啊！被捕前，他们还希望你出国到非洲加纳去，和丁义珍一起开采金矿，是不是？刘总你就没想到这是个陷阱吗？"

刘新建道："啥陷阱？他们让我出去，是想让你们找不到我嘛！"

"但是，刘总，你出去以后是死是活，赵瑞龙和你那帮哥们儿可就不管了！"侯亮平说，"现在我就请你看看丁义珍在非洲的真实情况吧！"

话音刚落，陆亦可立即把几张照片摆放到刘新建面前——都是刊登在加纳当地报纸上的照片：丁义珍被几个黑人用枪抵着脑袋；在一个集装箱住所的窗前，丁义珍手提 AK 冲锋枪向外张望，集装箱门前的中英文牌子是"义珍黄金公司"；丁义珍在往一具尸体上盖白布单……

刘新建看着这一张张照片怔住了，讷讷地问侯亮平："侯局长，这么说，丁义珍在非洲的日子很难过啊？这……这吃住都在集装箱里？"

侯亮平告诉刘新建，根据追逃小组掌握的情况，丁义珍入境加纳不到一个月，就三次被抢劫。买了这个照片上的这个铁皮集装箱和枪支弹药，还是被人家武装抢劫了！照片上的死者就是丁义珍的合伙人，一个比丁义珍早逃出去三年的国企老总。侯亮平最后说："所以刘总，丁义珍不死于非洲这种恶劣的治安环境，就算交好运了。他未来最好的结果，就是能和你一起在国内监狱劳动改造，重新做人啊……"

刘新建抬起头，可怜巴巴地问："侯局长，你说我还有改造的

167

机会吗？"侯亮平说："肯定有，如果有立功表现，机会就更大了！你好好想一想吧，是救自己要紧，还是替所谓的恩人哥们儿卖命要紧？"

刘新建崩溃了："侯局长，我……我听你的，是该好好想想了……"

就在这时，耳机里响起了林副检察官的声音："停止审讯！"侯亮平抬头一看，电子屏幕上的时间正好跳到二十三时零分零秒，和季昌明约定的半小时过去了。侯亮平只得收场……

功亏一篑的感觉十分椎心，此时此刻侯亮平深有感触。下令押走刘新建后，他和陆亦可收拾起桌上的文件材料，默默地离开了审讯室。

上例中，侯亮平是检察官，刘新建是汉东油气集团总经理、现在是犯罪嫌疑人，侯亮平的话语权大于刘新建。侯亮平的话语目的是让刘新建交代问题。因此，侯亮平希望听到认错、真相、交代和坦白的话语，这是侯亮平的话语期待。但是，审讯刚开始，"刘新建在受审席上一坐下就抱怨：'你们检察院就喜欢夜里审问！'"显然是一副若无其事的样子，完全没有交代的意向。但是根据前面的审讯情况来看，刘新建的反映又在情理之中，是侯亮平能够预料到的，因此，刘新建的话语对于侯亮平的心理期待基本上不契合（契合度不足0.2）。所以，侯亮平回了一句"没办法，上面催得紧啊！"以此来暗示（话语手段之一）案件的关注度和重要性，为接下来攻破刘新建的心理防线做好铺垫。

侯亮平没有实现预期的话语目的，继续不动声色地对刘新建的心理防线进行有效攻击。侯亮平设计的是以情入理、步步深入的话语策略，让刘新建逐步放松心理防线。"他语调又变得轻松起来：'刘总，咱们开始吧！你看，是接着陆处长上次提的问题谈呢，还是接着咱们上次的话题聊？'刘新建一时有点蒙：'侯局长，咱们上次是什么话题？'侯亮平笑：'一个幽灵，共产主义的幽灵在欧洲游荡……'刘新建有了些小兴奋：'哦，你又想听我背《共产党宣言》了？'"可以看出，侯亮平的话语出乎刘新建的意料，这与刘新建的心理期待达到高度契合（契合度为0.8）。这是实施话语策略的第一个话语手段"迎合"，显然，刘新建的反应与侯亮平让刘新建放松警惕的心理期待也已经达到了高度契合（契合度为0.8）。

接下来，接连用子矛攻子盾（话语手段）的话语方式，"不，是想帮你找回失去的灵魂！想一想吧，刘总，你在哪里失去了灵魂啊？"接下来侯亮平又实施了一套迎合和子矛攻子盾话语手段连用组合拳，"侯亮平道：'可你机遇不错呀，这边一搞市场经济，那边就被省委书记兼省军区第一政委的赵立春看上。……'""刘新建深有感触：'赵书记改变了我的人生，对我有知遇之恩啊！……上副厅时，我才三十六岁，是全省最年轻的几个厅局级之一。'"侯亮平话锋直指刘新建要害："那就说你！刘总，你不爱惜羽毛，为了报恩，你甚至不怕掉进污水坑里——你做了省油气集团董事长兼总裁以后都干了些啥呀？"两套组合拳下来，"刘新建显然受到了触动，怔怔地望着侯亮平，一时回不上话来。"话语效果有了初步成效。

接下来就是继续实施以情入理、步步深入策略。但偏偏在这个时候来了一个小插曲，完全打断了自己的话语策略，这也是在说话者实施话语策略的过程中经常遇到的问题。检察院检察长季昌明的话语权大于侯亮平，而且言语中话语分量很重，侯亮平不得不服从。但事情并不是没有转机，季昌明暗示（话语手段）的话语方式非常高明，"省委的指示必须执行，你现在已经接到指示，并且停止了对刘新建的审讯，是不是？"话里有话，言外之意是你需要最少多长时间的支持？虽然只争取到了半个小时，在侯亮平的心理期待角度已经由原来的0上升到了0.6。

话语策略的开展和话语手段的实施受到语境的制约。因为时间语境的变化，侯亮平加快了话语策略的实施，并且改变了话语手段的运用。"我也和你交个底。我们对你和油气集团的调查意见全面铺开，时刻都会有进展"，在造势的基础上，侯亮平换用假设+狠话（话语手段）的话语方式，"你就是一句话不说,我们最终也会零口供定你的罪!但是,刘总啊,如果让我们零口供定了罪,你就失去了一个量刑时从轻的机会啊!"狠话话语手段具有很强的语力和很强的话语效果,"侯局长,那我说,我说……"显然,刘新建的反应与侯亮平的话语期待契合度达到1。

　　刘新建的心理防线彻底攻破,接下来侯亮平换用见招拆招、顺藤摸瓜的话语策略。谈到赵瑞龙时,刘新建不愿配合。侯亮平用"类比"话语手段,将话语客体与其同类主体的行为进行比较,用其同类主体的行为后果来警示话语客体,案例中丁义珍和刘新建角色一样,刘新建期待的结果就是和丁义珍一样去非洲发财,逃避法律的制裁,但当陆亦可拿出丁义珍的照片和新闻时,"侯局长,你说我还有改造的机会吗?"刘新建的反应又回到了侯亮平的话语期待值。在交际过程中,话语语境是时时变化的,最后因时间原因致使侯亮平功亏一篑。

　　这个案例描写的是一次典型的审讯。之所以典型,一是审讯者抓住了被审人员的软肋,对被审人的心理分析得非常透彻,这也为话语策略的制定奠定了基础;二是审讯过程中,能够根据语境的变化不断地变换话语策略和话语手段;三是审讯过程中,运用了暗示、子矛攻子盾、狠话等多种话语手段,显示了审讯的难度和复杂性。

【第十章】
结 语

第一节 总结

迄今为止，本书已经完成了以下任务：（1）对现有的话语交际理论进行了重新审视和反思，梳理了国外话语交际理论与汉语话语交际的不适应性；（2）明确了汉语话语交际视角下的话语手段概念及话语手段与话语目的、话语策略相互之间的关系；（3）指出了话语手段在汉语话语交际中的地位；（4）详细研究了影响话语手段实施的重要因素——话语心理及话语心理期待；（5）对汉语五种话语手段（狠话、子矛攻子盾、拍马、留白、激将）进行了系统性描述，并对各自的话语结构、语义表达、话语功能等方面进行了分析讨论。在各部分的结尾都做出了相应的分析结论。这里不再重复赘述，只做一个大致的梳理和总括。

话语交际是一个复杂的过程：首先话语交际起始于话语交际目的的确定，其次是为了达到话语交际目的而确定相应的话语策略，然后是根据话语交际的策略采用相应的话语手段，并在交际过程中做相应的调整，最终达到交际目的。这正如语法分析一样：任何语法分析都有一定的目的，要达到语法分析的目的就要遵循一定的分析原则，但关键是要采用相应的语法分析方法，或曰分析手段。如果没有语法分析手段，那么语法分析也就是一句空话。话语交际也是如此，如果没有一定的话语手段，那么话语交际就难以实施，随之出现的只能是信口开河、语无伦次、胡说八道、张口结舌等状况了。

本书中的研究是针对话语交际中的实际问题而实施的，也是为了完善汉语交际理论而进行的。此前西方语言学界虽然提出了一些话语理论，但是这些话语理论是为了话语语义分析而提出的，而不是针对话语交际中的现象和问题而提出的。这些理论并不能完全解决汉语交际中的实际问题。

在汉语话语交际中，合作原则、礼貌原则等西方话语理论为话语交际研究奠定了理论基础和方法指导，但并不能完全解释汉语话语交际现象，汉语应有着独特的话语交际原则和交际理论；汉语中有着丰富的话语策略和话语手段，是汉语话语理论的重要组成部分，值得我们深入研究，亟待构建汉语话语交际理论和原则。

第二节 创新与不足

一、本书的创新之处

（1）通过交际话语真实语料的分析和理论思考，指出了欧美话语理论（合作原则、礼貌原则等）的局限性，指出话语交际过程中的三个重要的因素：话语目的、话语策略和话语手段。

（2）对狠话、子矛攻子盾、拍马、留白、激将等话语手段进行了描述，对这些话语手段的范围类型、话语结构、语义表达、话语功能等方面进行了分析阐述，指出这些话语手段在特定话语场景中所体现出来的话语特征和话语功能。

（3）以交际的全过程为背景，以语境的诸要件为要素，对汉语话语手段相关的因素进行了较为深入的分析。例如话语交际心理的分析就是如此。

二、本书的不足之处

（1）由于作者对话语语言学和话语理论领域的研究还有待进一步提

高，书中不少专题的研究都是从头说起，研究的深度自然也有待进一步挖掘。

（2）汉语话语手段是个复杂的系统，常见的话语手段多达几十种。本书的研究是尝试性的。再加之研究者学力有限，确有力不胜任之感。今后当继续努力学习，刻苦钻研，希望能有新的进步。

第三节 汉语常用话语手段研究工作的前景和展望

汉语交际理论尚处于发展初期，还有很大的空间可以挖掘，且涉足的领域越来越多，应用越来越广，有着广阔的发展前景。

（1）理论研究方面：本土语言学理论发展比较晚，导致对于汉语口语的研究还不是太全面，很多理论还带有西方语言理论的痕迹，对汉语了解得还不够扎实和深入，随着语言学理论良好态势的发展，汉语话语交际理论一定会迎来蓬勃发展的春天。

（2）现实应用方面：小到生活琐事，大到国家对决，话语交际的分量越来越重，话语交际研究已经涉及日常生活、商务谈判、军事外交、企业管理、教育咨询、人际公关等方方面面，未来各个领域对于话语交际理论的需求越来越大。

（3）语料资源库方面：话语手段的研究和学习离不开大量语料的分析、总结和归纳，这将有力地促进话语交际理论语料资源库的建立。

（4）汉语教学方面：随着汉语热度持续上升，全球学习汉语的需求越来越大，面对文化的多元化，一方面，话语交际理论的发展会有力地促进汉语教学方法和手段的不断改进，一方面也为话语交际理论比较性研究提供良好的机遇。

（5）为更好地服务和满足人们日常交际的需要，汉语话语交际理论模式和架构的建立，是今后努力的方向。

参考文献

文学类（语料来源）：

[1] 王跃文. 梅次故事 [M]. 南昌：百花洲文艺出版社，2010.

[2] 周梅森. 人民的名义 [M]. 北京：十月文艺出版社，2017.

[3] 罗贯中. 三国演义 [M]. 北京：人民文学出版社，1998.

[4] 金庸. 笑傲江湖 [M]. 北京：生活·读书·新知三联书店，1994.

[5] 金庸. 倚天屠龙记 [M]. 广州：广州出版社，2013.

[6] 金庸. 射雕英雄传 [M]. 广州：广州出版社，2013.

[7] 金庸. 天龙八部 [M]. 北京：生活.读书.新知三联书店，1999.

[8] 周锋. 扫黑 [M]. 南京：江苏文艺出版社，2010.

[9] 金庸. 鹿鼎记 [M]. 北京：生活·读书·新知三联书店，1996.

专著类：

[1] [比] 威尔索伦. 语用学新解 [M]. 钱冠连，译. 北京：外语教学与研究出版社，2000.

[2] [法] 丹·斯珀波，[英] 迪埃珏·威尔逊. 关联：交际与认知 [M]. 蒋严，译. 北京：中国社会科学出版社，2008.

[3] [美] 塞尔. 表达与意义：言语行为理论研究 [M]. 王加为，赵明珠，译. 北京：商务印书馆，2017.

[4] [美] 塞尔. 心灵、语言和社会 [M]. 李步楼，译. 上海：上海译文出版社，2006.

[5] [美] 威利斯·高斯·雷吉尔. 奉承术 [M]. 何正云，译. 北京：中国人民大学出版社，2019.

[6] [英] 奥斯汀. 如何以言行事 [M]. 杨玉成，赵京超，译. 北京：外语教学与研究出版社，2002.

[7] [英]贝特森.语言和情景：语言的变体及其社会环境[M].徐家祯,译.北京：语文出版社,1988.

[8] [英]莱文逊.语用学[M].何兆熊导读.北京：外语教学与研究出版社,2001.

[9] 常敬宇.语用·语义·语法[M].杭州：杭州大学出版社,1996.

[10] 陈建民.汉语口语[M].北京：北京出版社,1984.

[11] 陈力为,袁琦.语言工程[M].北京：清华大学出版社,1997.

[12] 陈原.语言和人：应用社会语言学若干探索[M].上海：上海教育出版社,1994.

[13] 崔梅,李江梅.语言交流连贯因素研究[M].昆明：云南民族出版社,2001.

[14] 代树兰.电视访谈话语研究[M].北京：中国社会科学出版社,2009.

[15] 戴庆厦.语言和民族[M].北京：中央民族大学出版社,1994.

[16] 丁建新.叙事的批评话语分析：社会符号学模式[M].重庆：重庆大学出版社,2014.

[17] 葛本仪.语言学概论[M].济南：山东大学出版社,1999.

[18] 桂诗春,宁春岩.语言学方法论[M].北京：外语教学与研究出版社,1997.

[19] 韩非.韩非子[M].盛广志,译评.长春：吉林文史出版社,2004.

[20] 何爱晶.语言表达的心智研究[M].北京：中国社会科学出版社,2015.

[21] 何兆熊.新编语用学概要[M].上海：上海外语教育出版社,2006.

[22] 何自然.语用学概论[M].长沙：湖南教育出版社,1988.

[23] 金顺德.当代西方语法理论[M].上海：上海外语教育出版社,1994.

[24] 靳洪刚.语言获得理论研究[M].北京：中国社会科学出版社,1997.

[25] 李幼蒸.理论符号学导论[M].北京：中国人民大学出版社,2007.

[26] 李悦娥,范宏雅.话语分析[M].上海：上海外语教育出版社,2002.

[27] 李左人.领导干部谈话艺术[M].北京：中共中央党校出版社,2005.

[28] 廖正,张一莉.语言表达艺术[M].广州：华南理工大学出版社,2002.

[29] 林宝贵.语言发展与矫治专题研究[M].高雄：高雄复文书局,1991.

[30] 刘焕辉.言语交际学教程[M].北京：中央广播电视大学出版社,1995.

[31] 陆俭明,沈阳.汉语和汉语研究十五讲[M].北京：北京大学出版社,2003.

[32] 吕明臣.话语意义的建构[M].长春：东北师范大学出版社,2005.

[33] 彭增安. 语用·修辞·文化 [M]. 上海：学林出版社，1998.

[34] 冉永平. 语用学：现象与分析 [M]. 北京：北京大学出版社，2006.

[35] 索振羽. 语用学教程 [M]. 北京：北京大学出版社，2000.

[36] 邵敬敏，等. 汉语语法专题研究 [M]. 北京：北京大学出版社，2010.

[37] 沈开木. 句段分析：超句体的探索 [M]. 北京：语文出版社，1987.

[38] 沈开木. 现代汉语话语语言学 [M]. 北京：商务印书馆，1996.

[39] 沈谦编. 语言修辞艺术 [M]. 北京：中国友谊出版公司，1998.

[40] 王建平. 语言交际中的艺术：语境的逻辑功能 [M]. 北京：中共中央党校出版社，1992.

[41] 王力. 中国现代语法 [M]. 北京：商务印书馆，2011.

[42] 王士元. 语言和人类交际 [M]. 南宁：广西教育出版社，1987.

[43] 吴礼权，邓明以. 中国修辞学通史：当代卷 [M]. 长春：吉林教育出版社，1998.

[44] 熊学亮. 认知语用学概论 [M]. 上海：上海外语教育出版社，1999.

[45] 徐赳赳. 现代汉语篇章语言学 [M]. 北京：商务印书馆，2010.

[46] 杨吉星. 语言表达技能训练指导 [M]. 北京：中国林业出版社，2001.

[47] 杨志岐. 趣味公关 [M]. 长沙：中南大学出版社，2003.

[48] 叶国泉，罗康宁. 语言变异艺术 [M]. 广州：广东教育出版社，1992.

[49] 俞东明. 什么是语用学 [M]. 上海：上海外语教育出版社，2011.

[50] 于思. 句法的逻辑分析 [M]. 北京：中国社会科学出版社，1993.

[51] 袁毓林. 汉语动词的配价研究 [M]. 南昌：江西教育出版社，1998.

[52] 袁毓林. 语言的认知研究和计算分析 [M]. 北京：北京大学出版社，1998.

[53] 曾范敬. 侦查讯问话语实证研究 [M]. 北京：中国政法大学出版社，2016.

[54] 张斌，胡裕树. 汉语语法研究 [M]. 北京：商务印书馆，1989.

[55] 张斌. 汉语语法学 [M]. 上海：上海教育出版社，1998.

[56] 张德明. 语言风格学 [M]. 长春：东北师范大学出版社，1990.

[57] 张静. 语言·语用·语法 [M]. 郑州：文心出版社，1994.

[58] 张绍杰，杨忠. 语用·认知·交际 [M]. 长春：东北师范大学出版社，1998.

[59] 张先亮. 语言交际艺术 [M]. 北京：科学出版社；2000.

[60] 赵元任. 汉语口语语法 [M] 吕淑湘，译. 北京：商务印书馆，1979.

[61] 郑荣馨. 语言得体艺术 [M]. 太原：书海出版社，2001.

[62] 郑子瑜. 中国修辞学史稿 [M]. 上海：上海教育出版社，1995.

[63] 郑子瑜. 中国修辞学的变迁 [M]. 台北：书林出版公司，1996.

[64] 中国社会科学院语言研究所词典编辑室编. 现代汉语词典 [Z]. 7 版. 北京：商务印书馆，2016.

[65] 周国光. 汉语句法结构习得研究 [M]. 合肥：安徽教育出版社，1997.

[66] 周国光. 现代汉语语法理论与方法 [M]. 广州：广东教育出版社，2003.

[67] 朱德熙. 现代汉语语法研究 [M]. 北京：商务印书馆，1980.

[68] 朱德熙. 语法讲义 [M]. 北京：商务印书馆，1982.

[69] 朱德熙. 语法答问 [M]. 北京：商务印书馆，1985.

[70] 程祥徽，等. 语言风格学 [M]. 南宁：广西教育出版社，2000.

论文集类：

邵敬敏，等. 汉语语法专题研究 [C]. 北京：北京大学出版社，2010.

论文集中的析出文献类：

[1] [日] 木村英树. 汉语语法的语义和形式 [A]. 沈家煊，主编，雷桂林，张佩茹，陈玥，译. 国外语言学译丛 [C]. 北京：商务印书馆，2012.

[2] [英] 奥斯汀. 论言有所为 [A]. 许国璋，摘译. 语言学译丛（第一辑）[C]. 北京：中国社会科学出版社，1979.

期刊报纸类：

[1] 安秀君. 言语交际中的礼貌原则与策略 [J] 时代教育（教育教学版），2008（3）：67-68.

[2] 岑运强. 语言和言语、语言的语言学和言语的语言学 [J]. 汉语学习，1994（4）：13-16.

[3] 陈昂. 合作原则与礼貌原则在言语交际中的运用 [J]. 科教文汇（上旬版），2009（2）：239.

[4] 陈金龙. 中国特色社会主义话语体系的建构 [N]. 中国社会科学报，2019-

09-03.

[5] 程雨民.格赖斯的"会话含义"与有关的讨论[J].国外语言学,1983(1):19-26.

[6] 崔冬梅.操控翻译的非语言学因素[J].重庆科技学院学报(社会科学版)2009(6),138-139.

[7] 冯学峰."拍马"有术[J].中学语文,2002(2):8-9.

[8] 顾曰国.礼貌、语用与文化[J].外语教学与研究,1992,4:10-17.

[9] 郭亚东,陈新仁.冲突话语中身份的操作、认知与磋商[J].语言文字应用,2019,3:144.

[10] 郭艳红.激将法话语的语用解读[J].成都师范学院学报,2017,03:71-75.

[11] 何自然.语用学的研究及其在外语学上的意义(一)[J].现代外语,1984,02:7-12.

[12] 何自然.语用学的研究及其在外语学上的意义(二)[J].现代外语,1984,03:15-21.

[13] 何自然.语用学的研究及其在外语学上的意义(三)[J].现代外语,1984,04:16-20.

[14] 胡壮麟.语用学[J].国外语言学,1980,03:1-11.

[15] 黄玉明.言语交际中违反合作原则的语用分析[J].茂名学院学报,2009,02:43-46.

[16] 霍恩.语用学理论(上)[J].沈家煊,译.当代语言学,1991,02:1-2.

[17] 霍恩.语用学理论(下)[J].沈家煊,译.国外语言学,1991,04:7-11.

[18] 蓝候.反激将[J].领导文萃,1999(10):78-80.

[19] 李芳.语言与身份认同研究的主要流派和方法[J].中国社会语言学,2016,02:72-81.

[20] 李勇忠.认知语义激活与语言留白美学论:从汽车尾部十大经典警示语谈起[J].西安外国语大学学报,2009,4:10-13.

[21] 李战子.话语的人际意义研究[J].外语与外语教学,2002,01:3-7.

[22] 刘润清.关于Leech的礼貌原则[J].外语教学与研究,1987,2:42-46.

[23] 毛延生.汉语不礼貌话语的语用研究[J].语言教学与研究.2014,2

[24] 王瑞来.将错就错:宋代士大夫"原道"略说——以范仲淹的君臣关系论为

中心的考察[J].学术月刊,2009(04):126-132.

[25] 王希杰.语言的规范化和言语的得体性[J].韩山师范学院学报,1996,02:57-65.

[26] 武延生.打招呼的方式及其进化起源[J].邢台学院学报,2014,04:180-182.

[27] 徐亮.语言的符号性与文学言语[J].浙江大学学报(人文社会科学版),1999,4:98-104.

[28] 姚扶有.激将:取得谈话技巧的一种手段[J].秘书之友,2007,02:44-47.

[29] 余海勇.从"官渡陷阱"看激励错位[J].企业文化,2005,09:66-67.

[30] 张国,闫赛雪.虚假不礼貌中玩笑式侮辱研究——以〈破产姐妹〉中的会话为例[J].中国海洋大学学报(社会科学版),2010.

[31] 张宏梁.广告语言,出奇制胜[J].广告大观(综合版),2006(2):138-139.

[32] 张积家.激将法及其心理机制[J].烟台师范学院学报(哲学社会科学版),1990,03:72-80.

[33] 赵鑫道.从马斯洛的需求层次理论看高职院校学生管理应注意的几个问题[J].科学与财富,2014,7:133-133.

[34] 周国光.话语手段和语言信息论略[J].广州大学学报(社会科学版),2003,10:01-07.

[35] 周一农.语言规范与言语规范[J].语言文字应用,1996,03:65-71.

学位论文类:

[1] 代树兰.电视访谈话语研究[D].上海外国语大学,2007.

[2] 张清.法官庭审话语的实证研究[D].中国政法大学,2009.

外语类:

[1] Allan, K.&K.M. Jaszczolt(eds.)2012. *The Cambridge Handbook of Pragmatics* [M]. Cambridge: Cambridge University Press.

[2] Austin, J.L. *How to Do Things with Words* [M]. Beijing: Oxford University

Press and Foreign Language Teaching and Research Press.2002.

[3] Brown, P. & Levinson, S. *Politeness: Some Universals in Language Usage* [M]. Cambridge: Cambridge University Press.

[4] Carston, R. *Thoughts and Utterances: the Pragmatics of Explicit Communication* [M]. Cambridge: Blackwell Publishing.

[5] Goody, Esther N. *Questions and Politeness: Strategies in Social Interaction* [M]. Cambridge: Cambridge University Press.

[6] Grice, P. *Studies in the Way of Words* [M]. Beijing: Harvard University Press and Foreign Language Teaching and Research Press 2002.

[7] Leech, G. Politeness: is there an east-west divide [J]. *Journal of Foreign Languages*（06）: 06-29.

[8] Leech, G. *Principle of Pragmatics* [M]. New York: *Longman*.

[9] Leech, G. *The Pragmatics of Politeness* [M]. Oxford: Oxford University Press.

[10] Levinson, S.C. *Pragmatics* [M].Beijing: Cambridge University Press and Foreign Language Teaching and Research Press 2001.

[11] Mey, J.L. *Pragmatics: An Introduction* [M]. Cambridge: Blackwell Publishing.

[12] Morris, C W. *Writings on the General Theory of Signs* [M]. The Hague: Mouton.

[13] Searle, J. *Speech Acts* [M]. Cambridge: Cambridge University Press.

[14] Searle, J. *Expression and Meaning* [M].Beijing: Cambridge University Press and Foreign Language Teaching and Research Press 2001.

[15] Sperber, Dan & Deirdre Wilson. *Relevance Communication and Cognition* [M].2nd Edition. Beijing: Blackwell Publishing and Foreign Language Teaching and Research Press.2001.

[16] Watt, R.J. Politeness: *Key Topics in Sociolinguistics* [M]. Cambridge: Cambridge University Press.